30秒でできる!
ニッポン紹介
おもてなしの韓国語会話

韓国語訳 リムワン

IBCパブリッシング

カバーデザイン = 岩目地 英樹（コムデザイン）
コラム執筆 = リムワン

● 付属 CD-ROM について ●

　本書に付属の CD-ROM に収録されている音声は、パソコンや携帯音楽プレーヤーなどで再生することができる MP3 ファイル形式です。
　一般的な音楽 CD プレーヤーでは再生できませんので、ご注意ください。

■**音声ファイルについて**
　付属の CD-ROM には、本書の韓国語パートの朗読音声が収録されています。トラックごとにファイルが分割されていますので、パソコンや携帯プレーヤーで、お好きな個所を繰り返し聴いていただくことができます。

■**ファイルの利用方法について**
　CD-ROM をパソコンの CD/DVD ドライブに入れて、iTunes や Media Go、x-アプリなどの音楽再生（管理）ソフトに CD-ROM 上の音声ファイルを取り込んでご利用ください。

■**音楽再生・管理ソフトへの取り込みについて**
　パソコンに MP3 形式の音声ファイルを再生できるアプリケーションがインストールされていることをご確認ください。
　CD-ROM をパソコンの CD/DVD ドライブに入れても、多くの場合、音楽再生ソフトは自動的に起動しません。ご自分でアプリケーションを直接起動して、「ファイル」メニューから「ライブラリに追加」したり、再生ソフトのウインドウ上にファイルをマウスでドラッグ＆ドロップするなどして取り込んでください。
　音楽再生ソフトの詳しい操作方法や、携帯音楽プレーヤーへのファイルの転送方法については、ソフトやプレーヤーに付属のユーザーガイドやオンラインヘルプで確認するか、アプリケーションの開発元にお問い合わせください。

はじめに

　日本政府観光局（JNTO）によると、2016年度、日本を訪ねた韓国人は、509万人です。同じ年、日本を訪問した外国人が2403万人ですから、日本を訪ねた外国人の21％は韓国人ということになります。また、韓国観光公社の資料によると、2016年に海外に出た韓国人は2238万人ですから、海外に出た韓国人の23％は日本を訪れたわけです。

　では、日本から韓国へはどうなるのでしょうか。2016年度に、韓国を訪問した日本人は229万人で、韓国を訪ねた外国人1724万人の13％を占めています。2016年に海外に出た日本人は1711万人ですから、海外に出た日本人の7％は韓国を訪ねたことになります。

　数字をみると、両国間でお互いに活発に交流しているのがよくわかります。日本のお台場や秋葉原のような所では韓国人がよく見掛けられますし、自分の勤め先に韓国人がいるという話もめずらしくありません。「アンニョンハセヨ」や「カムサハムニダ」のような言葉は知っている人も多いと思います。

　日本人が韓国人を紹介されたときに、日本人の方から先に「アンニョンハセヨ」と挨拶して話が始まるということも多いです。いや、最近はもう定番すぎるかも？とは言っても、やはり外国の人から母国語を聞くのは嬉しいわけで、もっと話を聞きたいと思ってしまいますね。

　今やネットの時代で、何でも検索さえすれば、大抵のことはわかります。観光地にはカタログや案内版も充実しています。しかし、検索結果よりは、「浅草は仲見世通りもいいけど、私は伝法院通りも好きです」のような、人の気持ちが伝わる話の方がずっと心に響くものがあると思います。それが「아사쿠사는 나카미세도리도 좋지만, 저는 덴보인도리도 좋아해요.」のように、自分の国の言葉で言ってもらえたならなおさらでしょう。もしかしたら、晴天のスカイツリーの展望台より、日本を好きにさせてくれるかも知れません。

　この本が、韓国語学習と、日本のよさを伝えるのに役に立てれば、本望です。

2017年2月
リムワン

目次

はじめに　3
反切表（ハングル一覧表）　8

第1章　日本の象徴　⑪

- 1　天皇 12
- 2　富士山 14
- 3　神社 16
- 4　桜 18
- 5　城 20
- 6　忍者 22
- コラム❶　似てはいるけど微妙に違う？ 24

第2章　日本の風物　㉗

- 1　着物 28
- 2　浴衣 30
- 3　日本家屋 32
- 4　旅館 34
- 5　暖簾 36
- 6　満員電車 38
- 7　カプセルホテル 40
- 8　立ち食いそば 42
- 9　居酒屋 44
- 10　量販店 46
- 11　デパ地下 48
- 12　コンビニ 50
- 13　新幹線 52

Contents

第3章　日本の伝統文化　55

1	歌舞伎	56
2	茶道	58
3	いけばな	60
4	盆栽	62
5	相撲	64
6	浮世絵	66
7	落語	68
	コラム❷　韓国語と日本語の発音の差	70

第4章　日本の食　73

1	寿司	74
2	回転寿司	76
3	刺身	78
4	ラーメン	80
5	そば	82
6	天婦羅	84
7	焼き鳥	86
8	懐石	88
9	うなぎ	90
10	カレーライス	92
11	お好み焼き	94
12	どんぶり	96
13	酒	98
14	焼酎	100

15	お茶	102
16	弁当	104
17	梅干し	106
18	わさび・鰹節・納豆	108
19	和菓子	110

第5章　日本の都市　113

1	東京	114
2	京都	116
3	大阪	118
4	奈良	120
5	広島	122
6	福岡	124
7	沖縄	126
8	北海道	128
	コラム❸　Can not と言えない韓国人	130

第6章　日本の現代文化　133

1	オタク	134
2	アイドル	136
3	コスプレ	138
4	音楽	140
5	アニメ・マンガ・ゲーム	142
6	メイドカフェ	144

第7章　日本の生活習慣　147

1. マナー（1） 148
2. マナー（2） 150
3. お正月 152
4. お盆 154
5. お中元・お歳暮 156
6. 七五三 158
7. 冠婚葬祭 160

第8章　東京の交通　163

1. 地下鉄（東京メトロ） 164
2. JR 170
3. タクシー 173
4. 成田空港 VS 羽田空港 176
5. 電車の切符とカード 179

第9章　日本人へのよくある質問　183

反切表（ハングル一覧表）

母音 子音	ㅏ a	ㅑ ya	ㅓ eo	ㅕ yeo	ㅗ o	ㅛ yo	ㅜ u	ㅠ yu	ㅡ eu	ㅣ i
ㄱ k/g	가 カ	갸 キャ	거 コ	겨 キョ	고 コ	교 キョ	구 ク	규 キュ	그 ク	기 キ
ㄴ n	나 ナ	냐 ニャ	너 ノ	녀 ニョ	노 ノ	뇨 ニョ	누 ヌ	뉴 ニュ	느 ヌ	니 ニ
ㄷ t/d	다 タ	댜 テャ	더 ト	뎌 テョ	도 ト	됴 テョ	두 トゥ	듀 テュ	드 トゥ	디 ティ
ㄹ r/l	라 ラ	랴 リャ	러 ロ	려 リョ	로 ロ	료 リョ	루 ル	류 リュ	르 ル	리 リ
ㅁ m	마 マ	먀 ミャ	머 モ	며 ミョ	모 モ	묘 ミョ	무 ム	뮤 ミュ	므 ム	미 ミ
ㅂ p/b	바 パ	뱌 ピャ	버 ポ	벼 ピョ	보 ポ	뵤 ピョ	부 プ	뷰 ピュ	브 プ	비 ピ
ㅅ s	사 サ	샤 シャ	서 ソ	셔 ショ	소 ソ	쇼 ショ	수 ス	슈 シュ	스 ス	시 シ
ㅇ ー/ng	아 ア	야 ヤ	어 オ	여 ヨ	오 オ	요 ヨ	우 ウ	유 ユ	으 ウ	이 イ
ㅈ ch/j	자 チャ	쟈 チャ	저 チョ	져 チョ	조 チョ	죠 チョ	주 チュ	쥬 チュ	즈 チュ	지 チ
ㅊ ch	차 チャ	챠 チャ	처 チョ	쳐 チョ	초 チョ	쵸 チョ	추 チュ	츄 チュ	츠 チュ	치 チ
ㅋ kʰ	카 カ	캬 キャ	커 コ	켜 キョ	코 コ	쿄 キョ	쿠 ク	큐 キュ	크 ク	키 キ
ㅌ tʰ	타 タ	탸 テャ	터 ト	텨 テョ	토 ト	툐 テョ	투 トゥ	튜 テュ	트 トゥ	티 ティ
ㅍ pʰ	파 パ	퍄 ピャ	퍼 ポ	펴 ピョ	포 ポ	표 ピョ	푸 プ	퓨 ピュ	프 プ	피 ピ
ㅎ h	하 ハ	햐 ヒャ	허 ホ	혀 ヒョ	호 ホ	효 ヒョ	후 フ	휴 ヒュ	흐 フ	히 ヒ
ㄲ kk	까 ッカ	꺄 ッキャ	꺼 ッコ	껴 ッキョ	꼬 ッコ	꾜 ッキョ	꾸 ック	뀨 ッキュ	끄 ック	끼 ッキ
ㄸ tt	따 ッタ	땨 ッテャ	떠 ット	뗘 ッテョ	또 ット	뚀 ッテョ	뚜 ットゥ	뜌 ッテュ	뜨 ットゥ	띠 ッティ
ㅃ pp	빠 ッパ	뺘 ッピャ	뻐 ッポ	뼈 ッピョ	뽀 ッポ	뾰 ッピョ	뿌 ップ	쀼 ッピュ	쁘 ップ	삐 ッピ
ㅆ ss	싸 ッサ	쌰 ッシャ	써 ッソ	쎠 ッショ	쏘 ッソ	쑈 ッショ	쑤 ッス	쓔 ッシュ	쓰 ッス	씨 ッシ
ㅉ tch	짜 ッチャ	쨔 ッチャ	쩌 ッチョ	쪄 ッチョ	쪼 ッチョ	쬬 ッチョ	쭈 ッチュ	쮸 ッチュ	쯔 ッチュ	찌 ッチ

子音 \ 二重母音	ㅐ ae	ㅒ yae	ㅔ e	ㅖ ye	ㅘ wa	ㅙ wae	ㅚ we	ㅝ wo	ㅞ we	ㅟ wi	ㅢ ui
ㄱ k/g	개 ケ	걔 ケ	게 ケ	계 ケ	과 クァ	괘 クェ	괴 クェ	궈 クォ	궤 クェ	귀 クィ	긔 キ
ㄴ n	내 ネ	냬 ネ	네 ネ	녜 ネ	놔 ヌァ	놰 ヌェ	뇌 ヌェ	눠 ヌォ	눼 ヌェ	뉘 ヌィ	늬 ニ
ㄷ t/d	대 テ	댸 テ	데 テ	뎨 テ	돠 トァ	돼 トェ	되 トェ	둬 トォ	뒈 トェ	뒤 トゥィ	듸 ティ
ㄹ r/l	래 レ	럐 レ	레 レ	례 レ	롸 ルァ	뢔 ルェ	뢰 ルェ	뤄 ルォ	뤠 ルェ	뤼 ルィ	릐 リ
ㅁ m	매 メ	먜 メ	메 メ	몌 メ	뫄 ムァ	뫠 ムェ	뫼 ムェ	뭐 ムォ	뭬 ムェ	뮈 ムィ	믜 ミ
ㅂ p/b	배 ペ	뱨 ペ	베 ペ	볘 ペ	봐 プァ	봬 プェ	뵈 プェ	붜 プォ	붸 プェ	뷔 プィ	븨 ピ
ㅅ s	새 セ	섀 シェ	세 セ	셰 シェ	솨 スァ	쇄 スェ	쇠 スェ	숴 スォ	쉐 スェ	쉬 シュィ	싀 シ
ㅇ —/ng	애 エ	얘 イエ	에 エ	예 イエ	와 ウォ	왜 ウェ	외 ウェ	워 ウォ	웨 ウェ	위 ウィ	의 ウィ
ㅈ ch/j	재 チェ	쟤 チェ	제 チェ	졔 チェ	좌 チュア	좨 チュエ	죄 チュエ	줘 チュオ	줴 チュエ	쥐 チュィ	즤 チ
ㅊ ch	채 チェ	챼 チェ	체 チェ	쳬 チェ	촤 チュア	쵀 チュエ	최 チュエ	춰 チュオ	췌 チュエ	취 チュィ	츼 チ
ㅋ kʰ	캐 ケ	컈 ケ	케 ケ	켸 ケ	콰 クァ	쾌 クェ	쾨 クェ	쿼 クォ	퀘 クェ	퀴 クィ	킈 キ
ㅌ tʰ	태 テ	턔 テ	테 テ	톄 テ	톼 トァ	퇘 トェ	퇴 トェ	퉈 トュオ	퉤 トェ	튀 トゥィ	틔 ティ
ㅍ pʰ	패 ペ	퍠 ペ	페 ペ	폐 ペ	퐈 プァ	퐤 プェ	푀 プェ	풔 プォ	풰 プェ	퓌 プィ	픠 ピ
ㅎ h	해 ヘ	햬 ヘ	헤 ヘ	혜 ヘ	화 ファ	홰 フェ	회 フェ	훠 フォ	훼 フェ	휘 フィ	희 ヒ
ㄲ kk	깨 ッケ	꺠 ッケ	께 ッケ	꼐 ッケ	꽈 ックァ	꽤 ックェ	꾀 ックェ	꿔 ックォ	꿰 ックェ	뀌 ックィ	끠 ッキ
ㄸ tt	때 ッテ	떄 ッテ	떼 ッテ	뗴 ッテ	똬 ットァ	뙈 ットェ	뙤 ットェ	뚸 ットォ	뛔 ットェ	뛰 ットゥィ	띄 ッティ
ㅃ pp	빼 ッペ	뺴 ッペ	뻬 ッペ	뼤 ッペ	뽜 ップァ	뽸 ップェ	뾔 ップェ	뿨 ップォ	쀄 ップェ	쀠 ップィ	쁴 ッピ
ㅆ ss	쌔 ッセ	썌 ッシェ	쎄 ッセ	쎼 ッシェ	쏴 ッスァ	쐐 ッスェ	쐬 ッスェ	쒀 ッスォ	쒜 ッスェ	쒸 ッシュィ	씌 ッシ
ㅉ tch	째 ッジェ	쨰 ッジェ	쩨 ッジェ	쪠 ッジェ	쫘 ッジュア	쫴 ッジュエ	쬐 ッジュエ	쭤 ッジュオ	쮀 ッジュエ	쮜 ッジュィ	쯰 ッジ

第1章

日本の象徴

제 1 장 일본의 상징

1 天皇

? こんな質問をされたら？

1 천황의 역할은 무엇입니까?
天皇の役割は何ですか？

2 천황은 언제부터 있는 것입니까?
日本の天皇はいつからいるのですか？

3 천황은 어디에서 삽니까?
天皇はどこに住んでいますか？

ㅏ	ㅑ	ㅓ	ㅕ	ㅗ	ㅛ	ㅜ	ㅠ	ㅡ	ㅣ	ㅐ	ㅒ	ㅔ	ㅖ	ㅘ	ㅙ	ㅚ	ㅝ	ㅞ	ㅟ	ㅢ
a	ya	eo	yeo	o	yo	u	yu	eu	i	ae	yae	e	ye	wa	wae	we	wo	we	wi	ui

천황*

<small>* 韓国では日本天皇、または、日王と言います。</small>

💬 **30秒で、こう答えよう！**

1 헌법에 천황은 일본의 상징이라 정해져있습니다. 영국 왕실처럼 천황도 정치적 권한은 없습니다.

<small>憲法では天皇は日本の象徴と定められています。イギリスの王室と同じように日本の天皇にも政治的な力はありません。</small>

2 천황의 기원은 기원전 660년의 진무천황이라고 합니다. 천황을 중심으로 하는 국가가 형성된 것은 나라시대(592년~710년)입니다.

<small>天皇の起源は紀元前660年の神武天皇といわれています。天皇を中心とする国家が形成されたのは奈良時代(592年～710年)です。</small>

3 도쿄에 있는 고쿄(황궁)라는 궁전에 살고 있습니다. 고쿄는 에도시대에 도쿠가와 막부가 건설한 에도 성이 있던 장소로 해자가 주위를 둘러싸고 있습니다.

<small>東京にある皇居という宮殿に住んでいます。皇居は、江戸時代に徳川幕府が築いた江戸城があった場所で、周囲をお堀に囲まれています。</small>

第1章　日本の象徴

ㄱ	ㄴ	ㄷ	ㄹ	ㅁ	ㅂ	ㅅ	ㅇ	ㅈ	ㅊ	ㅋ	ㅌ	ㅍ	ㅎ	ㄲ	ㄸ	ㅃ	ㅆ	ㅉ
k/g	n	t/d	r/l	m	p/b	s	-/ng	ch/j	ch	k^h	t^h	p^h	h	kk	tt	pp	ss	tch

2　富士山

？ こんな質問をされたら？

1　일본에서 가장 높은 산은 무슨 산입니까?
　　日本一高い山は何ですか？

2　후지산은 어디에 있습니까?
　　富士山はどこにありますか？

3　후지산의 특징은 무엇입니까?
　　富士山の特徴は何ですか？

후지산

 30秒で、こう答えよう！

1 일본에서 가장 높은 산은 후지산입니다. 해발 3,776미터입니다.

日本一高いのは富士山です。標高 3,776 メートルです。

2 시즈오카 현과 야마나시 현의 경계에 있습니다.

静岡県と山梨県の境にあります。

3 아름답고 웅장한 화산으로 일본의 상징입니다. 2013년에 세계유산으로 등록되었습니다.

美しく雄大な火山として日本の象徴になっています。2013年に世界遺産に登録されました。

3 神社

❓ こんな質問をされたら？

1 일본 고유의 종교는 무엇입니까?
日本の固有の宗教は何ですか？

2 일본인은 언제 신사에 갑니까?
日本人はどんなときに神社に行くのですか？

3 신사 들어가는 곳에 있는 큰 붉은 기둥은 무엇입니까?
神社に入るところにある大きい赤い柱は何ですか？

4 신사와 절은 무엇이 다릅니까?
神社とお寺の違いは何ですか？

ㅏ ㅑ ㅓ ㅕ ㅗ ㅛ ㅜ ㅠ ㅡ ㅣ ㅐ ㅒ ㅔ ㅖ ㅘ ㅙ ㅚ ㅝ ㅞ ㅟ ㅢ
a ya eo yeo o yo u yu eu i ae yae e ye wa wae we wo we wi ui

신사

  30秒で、こう答えよう！

1 고대부터 지금까지 이어 내려온 민족 신앙인 '신도'입니다. 그 제사를 지내는 장소가 신사입니다.

古代から現代に続く民族信仰の「神道」です。その祭祀を行う場所が神社です。

2 많은 일본인이 새해, 시치고산에 행운과 건강을 기원합니다. 또, 계절에 관계없이 연애 성취나 합격기원 등을 위해 자주 방문합니다.

多くの日本人がお正月、七五三で幸運や健康を祈願するほか、季節に関係なく恋愛成就や合格祈願などでよく訪れます。

3 도리이라고 합니다. 주택의 문 같은 것으로 도리이를 지나면 신의 영역으로 들어갑니다.

鳥居といいます。住居でいう門のようなもので鳥居をくぐると神様の領域に入ります。

4 신사는 일본 고유의 신을 모시는 곳이고, 절은 부처님을 모시는 곳입니다. 신사에는 도리이가 절에는 묘지가 있습니다.

神社は日本古来の神様を祀る場所で、お寺は仏様を祀る場所です。神社には鳥居があり、お寺にはお墓があります。

ㄱ	ㄴ	ㄷ	ㄹ	ㅁ	ㅂ	ㅅ	ㅇ	ㅈ	ㅊ	ㅋ	ㅌ	ㅍ	ㅎ	ㄲ	ㄸ	ㅃ	ㅆ	ㅉ
k/g	n	t/d	r/l	m	p/b	s	-/ng	ch/j	ch	kʰ	tʰ	pʰ	h	kk	tt	pp	ss	tch

4 桜

? こんな質問をされたら？

1 일본인은 왜 그렇게 벚꽃을 좋아합니까?
どうして日本人はこんなに桜が好きなのでしょうか？

2 벚꽃전선은 무엇입니까?
桜前線とは何ですか？

3 '하나미(꽃놀이)'는 어디서 많이 합니까?
どこでお花見するのですか？

ㅏ	ㅑ	ㅓ	ㅕ	ㅗ	ㅛ	ㅜ	ㅠ	ㅡ	ㅣ	ㅐ	ㅒ	ㅔ	ㅖ	ㅘ	ㅙ	ㅚ	ㅝ	ㅞ	ㅟ	ㅢ
a	ya	eo	yeo	o	yo	u	yu	eu	i	ae	yae	e	ye	wa	wae	we	wo	we	wi	ui

벚꽃

第1章 日本の象徴

 30秒で、こう答えよう！

1 활짝 피었을 때의 멋짐과 깔끔하게 지는 모습이 일본인의 감동을 자아내기 때문입니다. 만개한 벚꽃 아래에서 연회를 여는 것을 '하나미(꽃놀이)'라고 합니다.

> 満開の見事さと散り際の潔さが日本人の感動を誘うからです。満開の桜の下で宴会を開くことを「花見」といいます。

2 일본 각지에서 벚꽃이 피는 전선으로, 3월 하순부터 4월 하순에 남에서 북으로 올라오며 봄의 도래를 알려줍니다.

> 日本各地で桜が開花する前線のことで、3月下旬から4月下旬に南から北上して春の到来を告げてくれます。

3 활짝 핀 벚꽃이 있으면 어디에서든지 하나미를 합니다. 일본 각 지방에는 특히 아름다운 벚꽃을 볼 수 있는 하나미 명소가 많이 있습니다.

> 満開の桜があればどこでも花見をします。日本各地には特に美しい桜を見ることが出来るお花見の名所がたくさんあります。

ㄱ	ㄴ	ㄷ	ㄹ	ㅁ	ㅂ	ㅅ	ㅇ	ㅈ	ㅊ	ㅋ	ㅌ	ㅍ	ㅎ	ㄲ	ㄸ	ㅃ	ㅆ	ㅉ
k/g	n	t/d	r/l	m	p/b	s	-/ng	ch/j	ch	kʰ	tʰ	pʰ	h	kk	tt	pp	ss	tch

5 城

? こんな質問をされたら？

1. 일본의 성은 왜 만들어졌습니까?
   日本のお城はなぜ建てられたのですか？

2. 일본에서 유명한 성은 어디입니까?
   日本で有名なお城は何ですか？

3. 일본의 성은 왜 비슷비슷한 건축양식입니까?
   日本のお城はなぜ同じような建築形式なのですか？

姫路城

성

第1章 日本の象徴

 30秒で、こう答えよう！

1 고대부터 일본 각지에 세워져왔습니다. 중세에는 사무라이(무사)가 거주하며 지방 군주의 행정부가 되었습니다.

古代から日本各地で建てられ、中世では武士が駐在して地方の君主のための行政府になりました。

2 효고 현의 히메지 성(하쿠로 성)이 유명합니다. 1610년에 완성된 하얀 벽이 아름다운 성으로 1993년에 세계유산으로 등록되었습니다.

兵庫県にある姫路城（白鷺城）が有名です。1610年に完成した白い壁が美しい城で、1993年に世界遺産に登録されています。

3 현대에 남아있는 근세 성곽은 적의 공격을 방어하는 거점으로 지어졌기 때문에 주위에 해자가 있고, 돌 축벽으로 둘러싸여 있습니다. 건물은 모두 목조로 화재나 공격을 막기 위해 점토나 석고가 두껍게 발라져있습니다.

現代に残る近世の城は敵の攻撃の防御拠点として建てられたので周囲には堀があり、石垣で囲まれています。建物はすべて木造で、火災や攻撃から守るために粘土や漆喰を厚く塗ってあります。

ㄱ	ㄴ	ㄷ	ㄹ	ㅁ	ㅂ	ㅅ	ㅇ	ㅈ	ㅊ	ㅋ	ㅌ	ㅍ	ㅎ	ㄲ	ㄸ	ㅃ	ㅆ	ㅉ
k/g	n	t/d	r/l	m	p/b	s	-/ng	ch/j	ch	k^h	t^h	p^h	h	kk	tt	pp	ss	tch

6 忍者

? こんな質問をされたら？

1. 닌자는 어떤 일을 했습니까?
   忍者はどんな仕事をしていたのですか？

2. 지금의 일본에 아직 닌자가 있습니까?
   いまの日本にはまだ忍者がいるのですか？

3. 지금의 일본에도 닌자가 이어지고 있습니까?
   いまの日本にも忍術が受け継がれているのですか？

北斎漫画より

닌자

 30 秒で、こう答えよう！

1 다이묘(유력 무사)나 영주를 섬기며 신분을 숨기고 정보 수집이나 첩보 활동을 했습니다. 적들을 교란하기 위해 닌자가 사용한 특별한 기술을 인술이라고 합니다.

大名や領主に仕え、身分を隠して情報収集や諜報活動をしていました。敵方をかく乱するために忍者が使った特殊な技術を忍術といいます。

2 없습니다. 에도 시대가 끝나고 메이지 신정부에 경찰, 육군, 해군이 창설된 후, 일본에 닌자도 없어졌습니다.

いません。江戸時代が終わり、明治新政府に警察、日本陸軍、日本海軍が創設されてから、日本に忍者もいなくなりました。

3 인술을 무술의 하나로 보고 지방마다 여러 유파로 나뉘어 전승되고 있습니다. 유명한 유파는 이가류, 고카류, 도가쿠시류 등입니다.

忍術を武術ととらえ、地方ごとにいくつかの流派に分かれて伝承を続けています。有名な流派には伊賀流、甲賀流、戸隠流などです。

column ❶

似てはいるけど微妙に違う？

　日本と韓国は地理的位置が近い上、四季があるとか、国土の大部分が山で平地が少ないことなど自然環境が似ています。「主語―目的語―動詞」順の言語構造や、ジャポニカ系の米を主食とすることなど文化も似ていますし、コンビニが多い、地下鉄が多い、残業が多いことなど、生活パターンまでも似ています。そのため、頭では違うとわかっていても、ときどきその違いに余計にあわてることもあります。

レジの前で小銭を数えてもいいですか？

　日本の消費税にあたる韓国の税金は10％ですが、価格はこれを含んだ内税で表記されます。それで、多くの場合、少額のもの以外は、100ウォン以下の単位が0になるように価格が付けられます。さらに、韓国ではクレジットカードでの支払いが一般的なので、小銭を使う機会があまりなく、韓国人は小銭を使うことに慣れていません。

　それで、韓国人が日本で買い物をするとき、後ろの人を待たせるのを申し訳なく感じて、急いで小銭を揃えようとして落としてしまったり、使えずに溜った小銭に困ったりします。買い物の前に、「물건 사실 때 잔돈은 안심하고 천천히 찾으셔도 괜찮아요. (お買い物の時、小銭は安心してゆっくりと探しても大丈夫ですよ)」と話してあげてもいいでしょう。

地下鉄を乗り換えるたびにお金をまた払うのですか？

　韓国では、交通カードを使用すると、地下鉄やバスを乗り換えるとき、ほとんどの場合乗り継ぎ料金がかかりません。基本的に移動した距離で料金が精算されます。ソウル市内であれば、片道2,000ウォンを超える場合は、ほとんどありません。

　韓国人が日本を旅行する時、よく間違うのが交通費の予算です。公共交通機関を利用したいという韓国人には、「일본의 지하철이나 버스는 갈아탈 때마다 요금

이 나갑니다.（日本の地下鉄やバスは乗り換えするたびに料金がかかりますよ）」と教えてあげて、目的地までの一番経済的な行き方を一緒に調べてあげるのもいいでしょう。

何歳ですか？

　韓国人は、初めて会った人にも年齢など個人的なことを聞く場合が多いです。自分の方が年上だったら自分が兄、または姉だと言ったりもします。きっと、恋人がいるかどうか、学校はどこなの？　など、個人的なことを話し合うことで、相手をより身近に感じることができると思っているからでしょう。このことは、日本人にとって、結構負担になるかも知れません。そういう時は「글쎄요. 어떨까요?（さあ、どうでしょうね？）」ぐらいの返事をして、話題を変えるのも一つの方法でしょう。多くの人は好きではない話題だと気づくでしょう。あ、それがナンパ目的なようでしたら、イヤな時ははっきりと対処してください。どこにも馬鹿はいますし、死ぬまで治らないのも一緒です。

お風呂

　場合によっては、韓国人を家に招いてお泊めすることがあるかも知れません。そのとき、使ったお風呂のお湯を流されてしまう、という問題が生じることがあります。韓国では、お風呂のお湯は、入るたびに新しく入れて、入ったあと捨てています。日本では、どちらかと言えば、お湯は体を温めるのが主だとすれば、韓国では、垢擦りのために皮膚をふやかし、汚れを浮かすことが主といえます。広い銭湯ならともかく、家庭の狭いお風呂では汚れがお湯に入ることもありそうだからでしょうか、人が使ったお湯は汚いと思うのです。
　日本ではお湯を捨てないと知っている人でも、湯船に入っていることができず、お湯に汚れが入らないように注意して体だけ洗って出てくる場合もあるそうです。汚くないと頭でわかっていてもそうなるらしいです。最近では、日本でも、韓国でもシャワーだけですませる場合も多いらしいので、あまり気にする必要はないかも知れません。

第 2 章

日本の風物

일본의 풍물

1 着物

? こんな質問をされたら？

1 기모노는 어떻게 만들지요?
着物はどうやって仕立てられるの？

2 기모노는 어떻게 입는가요?
着物はどうやって着るの？

3 일본인은 어떨 때에 기모노를 입습니까?
日本人はどのような場面で着物を着るのですか？

4 기모노를 입고 걷는 것은 불편하지 않나요?
着物を着て歩くのは不便ではないですか？

기모노

 30秒で、こう答えよう！

1. 기모노를 만드는 데에는 선대로부터 계승되는 숙련된 기술이 필요합니다.

   着物を仕立てるには、先代から受け継がれる熟練の技が必要です。

2. 오비(허리띠)를 직접 매는 것은 매우 어려워 기모노를 입으려면 보통 누군가의 도움을 받습니다. 기모노를 직접 입는 법을 배우는 학원도 있습니다.

   帯を自分で結ぶのはかなり大変で、着物を着る人はたいてい誰かに助けてもらいます。着物を自分で着るための教室もあります。

3. 일본인은 일상에서는 서양식 옷을 입지만, 결혼식, 성인식, 졸업식 등 특별한 날에는 기모노를 입습니다. 격식이 필요한 공식적인 장소에 갈 때에 기모노를 입는 사람도 있습니다.

   日本人は日常は洋服を着ていますが、結婚式、成人式、卒業式など特別な日に着物を着ます。あらたまった公式の場所に参加するときに着物を着る人もいます。

4. 기모노를 입을 때는 다비(버선)와 조리(짚신)를 신습니다. 큰 걸음으로 걸을 수 없기 때문에 보폭을 작게 안짱다리로 걷습니다.

   着物を着るときは足袋と草履を履きます。大股では歩けないので歩幅を小さくして内股で歩きます。

ㄱ	ㄴ	ㄷ	ㄹ	ㅁ	ㅂ	ㅅ	ㅇ	ㅈ	ㅊ	ㅋ	ㅌ	ㅍ	ㅎ	ㄲ	ㄸ	ㅃ	ㅆ	ㅉ
k/g	n	t/d	r/l	m	p/b	s	-/ng	ch/j	ch	k^h	t^h	p^h	h	kk	tt	pp	ss	tch

2 浴衣

? こんな質問をされたら？

1 유카타와 기모노의 차이는 무엇입니까?
浴衣と着物の違いは何ですか？

2 유카타는 언제 입습니까?
浴衣はどんなときに着ますか？

3 어디에서 팝니까?
どこで売っていますか？

유카타

第2章　日本の風物

💬 **30秒で、こう答えよう！**

1 유카타와 기모노는 같은 모양이지만, 유카타는 얇은 천으로 되어있어 여름에 밖에 입지 않습니다. 기모노는 겹쳐 입지만, 유카타는 맨살 위에 한 장만 입는 것으로 공식적인 장소에서 입으면 안 됩니다.

> 浴衣と着物は同じかたちですが、浴衣は薄手の生地で仕立てらており夏にしか着ません。着物は重ね着をしますが浴衣は素肌に一枚だけ着るもので公式の場には着ていけません。

2 축제와 불꽃놀이 등의 여름풍물에 뺄 수 없는 물건입니다. 일본식 여관에서 실내복으로 유카타를 제공하는 곳이 많고 기모노보다 입기 쉽기 때문에 젊은 사람도 많이 입습니다.

> お祭りや花火大会などの夏の行事につきものです。和風旅館では部屋着として浴衣を提供するところが多く、着物より着やすいので若い人もよく着ています。

3 기모노 전문점이 아니라도 여름이 다가오면 백화점이나 쇼핑센터에 나옵니다. 브랜드 의류에서 유카타를 발매하는 경우도 많이 있습니다.

> 着物専門の呉服店でなくても夏が近づくとデパートやショッピングセンターに並びます。洋服のブランドが浴衣を売り出しているところも多くあります。

ㄱ	ㄴ	ㄷ	ㄹ	ㅁ	ㅂ	ㅅ	ㅇ	ㅈ	ㅊ	ㅋ	ㅌ	ㅍ	ㅎ	ㄲ	ㄸ	ㅃ	ㅆ	ㅉ
k/g	n	t/d	r/l	m	p/b	s	-/ng	ch/j	ch	kʰ	tʰ	pʰ	h	kk	tt	pp	ss	tch

3 日本家屋

? こんな質問をされたら？

1 전통적인 일본가옥은 어떤 것입니까?
伝統的な日本家屋はどのようなものですか？

2 다다미는 무엇으로 되어있나요?
畳は何でできていますか？

3 다다미인 경우에는 어떻게 자면 됩니까?
畳の場合はどうやって寝ますか？

4 일본인은 침대에서 안 잡니까?
日本人はベッドに寝ないのですか？

일본 가옥

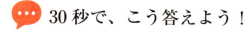 30秒で、こう答えよう！

1 전통적인 일본 가옥은 목조로 다다미를 깔고 쇼지(미닫이)나 후스마(장지문)로 방을 나눕니다.

伝統的な日本家屋は木造で、畳を敷き、障子や襖で部屋が仕切られています。

2 다다미는 골풀이라는 식물을 짜서 만들며 일본식 방의 바닥재로 사용합니다.

畳はイグサという植物で織って作られ、和室の床材として使われます。

3 다다미 위에 바로 이불을 깔고 잡니다. 이불은 평소에는 전용의 장소에 넣어 둡니다.

畳の上に直接布団を敷いて寝ます。布団はふだんは専用の場所にしまってあります。

4 최근의 일본 가옥은 다다미 방만 있는 게 아니기 때문에, 전용 침실이나 아이 방에 놓은 침대에서 자는 사람이 더 많습니다.

最近の日本家屋は畳の部屋だけではないので、専用の寝室や子供部屋に置いたベッドに寝る人のほうが多いです。

4 旅館

❓ こんな質問をされたら？

1 료칸은 어떤 곳입니까?
旅館とはどんなところですか？

2 료칸에서는 식사가 나옵니까?
旅館では食事が出されますか？

3 일반 호텔과 어떻게 다릅니까?
通常のホテルとどこが違うのですか？

4 이불은 자기가 깝니까?
布団は自分で敷くのですか？

료칸

 30秒で、こう答えよう！

1 일본의 정서를 맛볼 수 있는 전통적인 숙소입니다. 일본 전통의 와시쓰(일본식 방)에서의 숙박 체험이나 온천, 그리고 일본 요리를 즐길 수 있는 것이 매력입니다. 직원이 기모노를 입고 있는 곳도 많습니다.

> 日本情緒が味わえる伝統的な日本の宿泊所です。日本の伝統的な和室に宿泊体験や温泉、そして日本料理を堪能することができるのがその魅力です。従業員が着物を着ているところも多いです。

2 일반적으로 저녁 식사와 아침 식사가 제공되지만, 식사 없이 숙박만 선택할 수도 있습니다.

> 一般的に、夕食と朝食が提供されますが、食事をつけずに素泊まりという選択肢もあります。

3 대부분의 경우에 료칸에서는 다다미 위에 이불을 깔고 잡니다.

> ほとんどの場合、旅館では畳の上に布団を敷いて寝ます。

4 아니요. 손님이 방에 없을 때 직원이 방에 들어와 이불을 깔아줍니다.

> いいえ、客が部屋にいないときに、従業員が部屋に入って布団を敷いてくれます。

5 暖簾

❓ こんな質問をされたら？

1 상점 출구에 걸려있는 작은 커튼 같은 것은 무엇입니까?
店の出口にかかっている小さなカーテンのようなものは何ですか？

2 그 위에 무엇이 찍혀 있습니까?
その上には何がプリントされているのですか？

3 입구에 거는 이유는 무엇입니까?
入口にかけるのはなぜですか？

4 하루 종일 걸어둡니까?
一日中ずっとかけているのですか？

노렌

 30秒で、こう答えよう!

1 노렌이라는 것으로, 일본음식점이나 상점, 목욕탕 등의 입구에 겁니다.

暖簾と言われるもので、和食店や商店、銭湯などの入口にかけられています。

2 보통, 가게의 칭호(야고)와 집의 문장(몬)이 인쇄되어 있습니다.

ふつう、店の称号(屋号)や家の紋章(紋)が印刷されています。

3 햇볕이나 먼지를 막으려고 사용한 1장짜리 천에서 비롯되었습니다.

日焼けやほこりよけに用いた1枚の布が始まりです。

4 영업 중에는 걸고 있습니다. 문 닫을 때 내립니다.

営業中はかけています。閉店のときはしまうのです。

ㄱ	ㄴ	ㄷ	ㄹ	ㅁ	ㅂ	ㅅ	ㅇ	ㅈ	ㅊ	ㅋ	ㅌ	ㅍ	ㅎ	ㄲ	ㄸ	ㅃ	ㅆ	ㅉ
k/g	n	t/d	r/l	m	p/b	s	-/ng	ch/j	ch	k^h	t^h	p^h	h	kk	tt	pp	ss	tch

6 満員電車

? こんな質問をされたら？

1. 전철이 가장 붐비는 시간은 언제입니까?
   電車が最も混み合うラッシュアワーとはいつですか？

2. 전철이나 지하철은 얼마나 붐빕니까?
   電車や地下鉄はどのくらい混雑するのですか？

3. 왜 기차와 지하철은 밤늦게까지 붐빕니까?
   なぜ電車や地下鉄は夜遅くまで混むのですか？

만원 전철

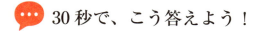

💬 30秒で、こう答えよう！

1 일본의 회사는 오전 9시~10시에 시작하여 오후 5시~6시에 끝나는 곳이 많기 때문에 아침은 8시경부터 9시까지, 밤은 6시부터 7시 넘어 까지 대중교통은 매우 혼잡합니다.

> 日本の会社は午前9時～10時に始まり、午後5時～6時に終わるところが多いので、朝は8時頃から9時すぎまで、夜は6時頃から7時すぎまで公共交通は大変混み合います。

2 혼잡시간에는 몸끼리 닿아 전혀 움직일 수 없을 정도로 혼잡합니다. 일본의 직장인은 혼잡에 익숙합니다.

> ラッシュアワーでは体と体をくっつけて全く動けなくなるほど混雑します。日本の会社員は混雑に慣れています。

3 왜냐하면, 일본의 회사는 잔업이 많은 데다, 일이 끝나도 바로 귀가하지 않고 술이나 식사를 즐기는 사람이 많기 때문입니다.

> なぜなら日本の会社は残業が多いうえに、仕事が終わってもすぐに帰宅せずお酒や食事を楽しむ人が多いからです。

7 カプセルホテル

? こんな質問をされたら？

1 캡슐 호텔은 어떤 것입니까?
カプセルホテルとはどんなものですか？

2 왜 일본의 거리에는 캡슐 호텔이 많습니까?
なぜ日本の街にはカプセルホテルが多いのですか？

3 왜 캡슐 호텔이 외국인 여행자들에게 인기입니까?
なぜカプセルホテルが外国人旅行者に人気なのですか？

캡슐 호텔

 30秒で、こう答えよう！

1 넓은 공간에 2단으로 쌓은 캡슐 모양의 간이침대가 늘어선 숙박 시설입니다. 캡슐 안에는 침구와 조명, 소형 TV, 시계 등 최소한의 것들이 구비되어 있습니다.

広い空間に２段に積まれたカプセル状の簡易ベッドが並べられた宿泊施設です。カプセルの中には寝具と照明、小型テレビ、時計など最低限必要なものが備えられています。

2 일반 호텔보다 저렴해 부담 없이 사용할 수 있기 때문에 막차를 놓친 사람이나 숙박비를 아끼고 싶은 여행자 등에게 인기 있기 때문입니다.

普通のホテルより安価で気軽に利用できるため、終電を乗り過ごした人や宿泊代を浮かせたい旅行者などに人気があるからです。

3 저렴하게 묵을 수 있는 것이 가장 큰 이유이지만, 우주선 안 같은 좁고 근미래적 분위기가 외국인에게 평가받고 있습니다. 최근에는 다다미 캡슐 호텔이 등장하는 등 다양화가 진행되고 있습니다.

格安で泊まれるのが一番の理由ですが、宇宙船の中のような狭くて近未来的な雰囲気が外国人に受けています。最近では畳カプセルホテルが登場するなど多様化が進んでいます。

ㄱ	ㄴ	ㄷ	ㄹ	ㅁ	ㅂ	ㅅ	ㅇ	ㅈ	ㅊ	ㅋ	ㅌ	ㅍ	ㅎ	ㄲ	ㄸ	ㅃ	ㅆ	ㅉ
k/g	n	t/d	r/l	m	p/b	s	-/ng	ch/j	ch	kʰ	tʰ	pʰ	h	kk	tt	pp	ss	tch

8 立ち食いそば

? こんな質問をされたら？

1 다치쿠이소바는 무엇입니까?
立ち食いそばとは何ですか？

2 다치쿠이소바는 왜 역 구내에 많습니까?
立ち食いそばはなぜ駅の構内に多いのですか？

3 다치쿠이소바는 어떻게 주문합니까?
立ち食いそばはどうやって注文するのですか？

다치쿠이소바

💬 **30秒で、こう答えよう！**

1. 메밀국수나 우동을 선체로 먹는 가게입니다. 손님이 주문하면 겨우 몇 분도 기다리지 않고 허기를 채울 수 있기 때문에 바쁜 사람에게는 안성맞춤입니다. 메밀이나 우동 외에 카레라이스나 '라멘'도 있습니다.

   そばやうどんを立ったまま食べる店です。客は注文後わずか数分で待たずにお腹を満たすことができるので、急いでいる人にはもってこいです。そばやうどんの他にカレーライスやラーメンもあります。

2. 전철을 기다리는 시간에 식사를 할 수 있기 때문입니다.

   電車の待ち時間に食事ができるからです。

3. 자동판매기에서 식권을 구입해 주문 카운터에 식권을 냅니다. 직원은 식권을 보고 조리를 끝낸 국수와 국물, 건더기를 그 자리에서 합쳐 그릇에 담습니다.

   自動販売機で食券を買い、注文カウンターに食券を出します。従業員は食券を見て、調理済みのめんや出汁、具材をその場で合せて器に盛ります。

9 居酒屋

❓ こんな質問をされたら？

1 이자카야는 보통 레스토랑과 다릅니까?
居酒屋は普通のレストランと違うのですか？

2 이자카야에 가는 사람은 대개 어떤 사람입니까?
居酒屋に行く人は大体どういう人ですか？

3 술을 마실 수없는 사람도 이자카야에 갈 수 있습니까?
お酒を飲めない人も居酒屋に行けますか？

4 일본에 이자카야가 왜 이렇게 많습니까?
どうして日本の居酒屋はこんなに多いのですか？

이자카야

💬 **30秒で、こう答えよう！**

1 이자카야는 식사가 아니라 음주가 메인으로 저녁부터 심야까지 영업합니다.

居酒屋は食事ではなく飲酒がメインで、夕方から深夜まで営業しています。

2 퇴근길의 비즈니스맨이 동료나 상사와 가는 경우가 많지만, 최근에는 학생이나 주부 등 다양한 계층도 널리 이용하고 있습니다.

仕事帰りのビジネスマンが同僚や上司と行くケースが多いですが、最近では学生や主婦など幅広い層にも広く利用されています。

3 물론 갈 수 있습니다. 이자카야의 메뉴는 풍부하고 주류가 아닌 음료도 있습니다.

もちろん行けます。居酒屋のメニューは豊富でアルコール類以外の飲み物もあります。

4 퍼브나 바와 달리 술과 식사를 모두 즐길 수 있기 때문입니다. 일상의 스트레스를 술 무제한이나 연회메뉴로 치유해주는 소중한 장소입니다.

パブやバーと違い、お酒と食事の両方が楽しめるからです。日頃のストレスを飲み放題や宴会メニューで癒してくれる大切な場所です。

ㄱ	ㄴ	ㄷ	ㄹ	ㅁ	ㅂ	ㅅ	ㅇ	ㅈ	ㅊ	ㅋ	ㅌ	ㅍ	ㅎ	ㄲ	ㄸ	ㅃ	ㅆ	ㅉ
k/g	n	t/d	r/l	m	p/b	s	-/ng	ch/j	ch	k^h	t^h	p^h	h	kk	tt	pp	ss	tch

10 量販店

? こんな質問をされたら？

1 드러그스토어는 어떤 가게입니까?
ドラッグストアとはどんな店ですか？

2 가전양판점은 어떤 가게입니까?
家電量販店とはどんな店ですか？

3 재미있는 잡화나 기념품으로 좋은 것을 다양하게 파는 양판점이 있습니까?
おもしろい雑貨やお土産によいものがいろいろ売っている量販店はありますか。

양판점

30 秒で、こう答えよう！

1 건강과 미용에 관한 상품과 의약품을 중심으로, 일용품 외에도 과자와 음료 등을 저렴하고 구입할 수 있는 가게입니다. 많은 경우, 체인점으로, 마쓰모토 기요시나 쓰루하 드러그가 유명합니다.

健康や美容に関する商品、医薬品を中心に、日用品のほか、お菓子や飲料などが安価で購入できる店です。多くはチェーン展開しており、マツモトキヨシやツルハドラッグが有名です。

2 가전제품을 싸게 들여와 대량으로 판매하는 대형가게입니다. 근접하는 가전양판점 간에 저가 경쟁을 하는 경우가 많고, 점원의 지식이 풍부한 것도 특징입니다.

家庭電化製品を安く仕入れて大量に売る大型店です。近接する家電量販店の間で低価格を競争している事が多く、店員の知識が豊富なことも特徴です。

3 대형 할인 체인점에서 여러 물건을 싸게 구입할 수 있습니다. 일본에서는 '돈키호테'가 유명합니다.

大型の安売りチェーン店でいろいろなものが安く手に入ります。日本では「ドン・キホーテ」が有名です。

11 デパ地下

❓ こんな質問をされたら？

1 '데파치카'는 무엇입니까?
デパ地下とは何ですか？

2 무엇을 팔고 있습니까?
何が売られていますか？

3 왜 그렇게 인기가 있습니까?
なぜそんなに人気があるのですか？

데파치카

 30秒で、こう答えよう！

1 백화점의 지하층을 '데파치카'라고 합니다. 말 그대로 '데파트먼트 스토어의 지하'의 약어입니다.

> デパートの地下フロアを「デパ地下」といいます。文字通り、デパートの地下の略称です。

2 일본을 비롯한 세계 각국에서 들여온 다양한 식료품과 주류, 과자가 있습니다. 가끔 도시락 페어와 전국 물산전 등 이벤트를 엽니다.

> 日本をはじめ、世界中から取り寄せたさまざまな食料品や酒類、お菓子があります。ときどき駅弁フェアや全国の物産展などイベントが開催されます。

3 품질이 좋고 맛있는 음식이 모여 있기 때문입니다. 특히 전문점의 음식과 디저트 류가 인기입니다.

> 品質がよくおいしいものが集まるからです。特に専門店が提供するお惣菜やスイーツは人気です。

12 コンビニ

❓ こんな質問をされたら？

1 일본의 편의점은 얼마나 편리합니까?
日本のコンビニはどれぐらい便利ですか？

2 편의점 음식은 맛있습니까?
コンビニの食べ物は美味しいですか？

3 인기의 스테디셀러 상품이 있나요?
人気の定番商品がありますか？

ㅏ	ㅑ	ㅓ	ㅕ	ㅗ	ㅛ	ㅜ	ㅠ	ㅡ	ㅣ	ㅐ	ㅒ	ㅔ	ㅖ	ㅘ	ㅙ	ㅚ	ㅝ	ㅞ	ㅟ	ㅢ
a	ya	eo	yeo	o	yo	u	yu	eu	i	ae	yae	e	ye	wa	wae	we	wo	we	wi	ui

편의점

💬 30秒で、こう答えよう！

1 대부분의 편의점이 연중무휴, 24시간 영업으로 식료품이나 반찬, 도시락 류 외에도 전구, 문구용품, 칫솔, 화장지 등 '있으면 편리'한 일상용품을 갖추고 있습니다.

> ほとんどのコンビニが年中無休、24時間営業で、食料品や惣菜、弁当類のほか、電球、文房具、歯ブラシ、トイレットペーパーなど「あると便利」な日常品がそろっています。

2 대부분의 편의점이 자체 브랜드 빵이나 과자, 반찬을 팔고 있으며 맛있다는 평입니다.

> ほとんどのコンビニがオリジナルブランドのパンやお菓子、お惣菜を販売しており、おいしいと評判です。

3 편의점라고 하면, 주먹밥, 샌드위치, 도시락입니다. 일이 바쁜 많은 사람들이 편의점에 도움 받고 있습니다.

> コンビニと言えば、おにぎり、サンドイッチ、お弁当です。仕事が忙しい多くの人がコンビニに助けられています。

ㄱ	ㄴ	ㄷ	ㄹ	ㅁ	ㅂ	ㅅ	ㅇ	ㅈ	ㅊ	ㅋ	ㅌ	ㅍ	ㅎ	ㄲ	ㄸ	ㅃ	ㅆ	ㅉ
k/g	n	t/d	r/l	m	p/b	s	-/ng	ch/j	ch	kʰ	tʰ	pʰ	h	kk	tt	pp	ss	tch

13 新幹線

? こんな質問をされたら？

1 일본의 신칸센은 얼마나 빠릅니까?
日本の新幹線はどれくらい速いですか？

2 신칸센 노선은 몇 개 있습니까?
新幹線の路線はいくつありますか？

3 도카이도 신칸센의 열차는 몇 종류가 있습니까?
東海道新幹線の列車は何種類ありますか？

ㅏ	ㅑ	ㅓ	ㅕ	ㅗ	ㅛ	ㅜ	ㅠ	ㅡ	ㅣ	ㅐ	ㅒ	ㅔ	ㅖ	ㅘ	ㅙ	ㅚ	ㅝ	ㅞ	ㅟ	ㅢ
a	ya	eo	yeo	o	yo	u	yu	eu	i	ae	yae	e	ye	wa	wae	we	wo	we	wi	ui

신칸센

💬 **30 秒で、こう答えよう！**

1 신칸센은 시속 300킬로로 달립니다. 도쿄에서 교토까지 약 2시간 20분, 도쿄에서 후쿠오카까지 약 5시간이면 갑니다.

新幹線は時速 300 キロで走ります。東京から京都まで約 2 時間 20 分、東京から福岡まで約 5 時間で結びます。

2 홋카이도의 하코다테에서 규슈의 가고시마까지, 도카이도 신칸센, 산요 신칸센, 규슈 신칸센, 도호쿠 신칸센, 조에쓰 신칸센, 호쿠리쿠 신칸센, 야마가타 신칸센, 아키타 신칸센의 8개의 노선이 있습니다.

北海道の函館から九州の鹿児島まで、東海道新幹線、山陽新幹線、九州新幹線、東北新幹線、上越新幹線、北陸新幹線、山形新幹線、秋田新幹線の 8 つの路線が結びます。

3 '노조미', '히카리', '고다마' 3종류의 열차가 있습니다. 중간 승하차 역이 적고 도쿄-신오사카 사이를 가장 빠르게 연결하는 것은 '노조미'입니다.

「のぞみ」「ひかり」「こだま」の 3 つの列車種別があり、途中乗降駅が少なく東京ー新大阪間を最も速く結ぶのは「のぞみ」です。

ㄱ	ㄴ	ㄷ	ㄹ	ㅁ	ㅂ	ㅅ	ㅇ	ㅈ	ㅊ	ㅋ	ㅌ	ㅍ	ㅎ	ㄲ	ㄸ	ㅃ	ㅆ	ㅉ
k/g	n	t/d	r/l	m	p/b	s	-/ng	ch/j	ch	k^h	t^h	p^h	h	kk	tt	pp	ss	tch

第3章

日本の伝統文化

일본의 전통 문화

1 歌舞伎

❓ こんな質問をされたら？

1 가부키란 무엇입니까?
歌舞伎とはなんですか？

2 왜 남자배우가 남자도 여자도 연기합니까?
なぜ男性の役者が男も女も演じるのですか？

3 어디에서 가부키를 감상할 수 있습니까?
どこで歌舞伎を鑑賞できますか？

4 가부키의 매력은 어디에 있습니까?
歌舞伎の魅力はどこにありますか？

가부키

💬 **30 秒で、こう答えよう！**

1. 가부키는 에도시대에 발전한 무대예술로 전통적인 연출방식으로 연기하는 연극입니다.

   歌舞伎は江戸時代に発展した舞台芸術で、伝統的な演出方法で演じられるお芝居です。

2. 원래 가부키를 연기했던 것은 여성이었지만, 여성이 연기하는 것은 성적인 도발이 된다고 막부가 금지해 남성이 연기하게 되었습니다.

   もともと歌舞伎を演じていたのは女性でしたが、女性が演じることが性的な挑発になるとして幕府がこれを禁じ、男性が演じるようになりました。

3. 도쿄에서 가부키를 감상할 수 있는 곳은 가부키좌 또는 국립극장입니다. 교토나 오사카에서도 정기적으로 공연하고 있습니다.

   東京で歌舞伎が鑑賞できるのは歌舞伎座か国立劇場です。京都や大阪でも定期的に公演しています。

4. 연극과 음악과 춤을 한 번에 즐길 수 있으며, 화려한 의상과 대규모 무대장치 등도 매력적입니다.

   芝居と音楽と舞踏が一度に楽しめるほか、豪華な衣装や大がかりな舞台装置なども魅力です。

第3章 日本の伝統文化

ㄱ	ㄴ	ㄷ	ㄹ	ㅁ	ㅂ	ㅅ	ㅇ	ㅈ	ㅊ	ㅋ	ㅌ	ㅍ	ㅎ	ㄲ	ㄸ	ㅃ	ㅆ	ㅉ
k/g	n	t/d	r/l	m	p/b	s	-/ng	ch/j	ch	k^h	t^h	p^h	h	kk	tt	pp	ss	tch

2 茶道

❓ こんな質問をされたら？

1 다도란 무엇입니까?
茶道とは何ですか？

2 다도의 예절에는 특별한 규칙이 있습니까?
茶道の礼儀には特別な決まりがあるのですか？

3 다도는 기모노을 입고합니까?
着物で茶道をするのですか？

4 다도에 사용하는 차는 어떤 차입니까?
茶道に使うお茶は何のお茶ですか？

다도

 30秒で、こう答えよう！

1 다도는 전통적인 의식으로 중요한 손님을 대접하기 위해 차를 타며 세련된 분위기를 만들어내기 위한 예술입니다.

茶道は伝統的な儀式で、大切な客をもてなすためにお茶を点て、洗練された雰囲気をつくり出すための芸術です。

2 예의에 따른 다도 행위를 작법이라고 합니다. 걸음, 손을 움직이는 방법, 앉는 방법, 문을 여는 방법 등에 세세한 규칙이 있습니다.

礼儀に適った茶道の所作を作法といい、歩き方、手の動かし方、座り方、襖の開け方など細かいところに決まりがあります。

3 공식적인 차의 자리(다과회)에서는 기모노를 입는 것이 기본입니다. 다도의 연습을 할 때는 보통 옷도 좋습니다.

正式なお茶の席（お茶会）では着物を着るのが基本です。茶道の稽古をするときは洋服でもOKです。

4 찻잎을 가루로 맑든 말차입니다. 화과자와 함께 듭니다.

お茶の葉を粉末状にした抹茶です。和菓子と一緒にいただきます。

ㄱ	ㄴ	ㄷ	ㄹ	ㅁ	ㅂ	ㅅ	ㅇ	ㅈ	ㅊ	ㅋ	ㅌ	ㅍ	ㅎ	ㄲ	ㄸ	ㅃ	ㅆ	ㅉ
k/g	n	t/d	r/l	m	p/b	s	-/ng	ch/j	ch	k^h	t^h	p^h	h	kk	tt	pp	ss	tch

3 いけばな

? こんな質問をされたら？

1. 이케바나란 무엇입니까?
   いけばなとは何ですか？

2. 이케바나를 체험 할 수 있는 곳이 있나요?
   いけばなの体験ができるところはありますか？

3. 일본에서 가장 유명한 이케바나의 유파는 어디입니까?
   日本で最も有名ないけばなの流派は何ですか？

이케바나

 30秒で、こう答えよう！

1 이케바나는 일본의 전통 꽃꽂이로, 화도라고도 합니다. 꽃 외에도 나뭇가지와 잎 등을 자유롭게 조합하여 꽃병에 꽂아 감상합니다.

> いけばなとは日本の伝統的なフラワーアレンジメントのことで、華道ともいいます。花のほかに枝や葉などを自由に組合せて花器に挿して鑑賞します。

2 이케바나 교실은 전국에 많이 있으며 체험을 할 수 있는 곳도 있습니다.

> いけばな教室は全国にたくさんあり、いけばな体験ができるところもあります。

3 이케노보가 일본 최대의 화도유파입니다. 현재 전국에 약 140 이상의 유파가 있습니다.

> 池坊が日本最大の華道の流派です。現在全国に約140以上の流派があります。

4 盆栽

? こんな質問をされたら？

1 분재란 무엇입니까?
盆栽とは何ですか？

2 분재의 특징은 무엇입니까?
盆栽の特徴は何ですか？

3 분재는 왜 고령자에게 인기가 있나요?
なぜ盆栽は高齢者に人気があるのですか？

분재

 30秒で、こう答えよう！

1 미니어처 화분 재배를 말합니다. 도자기 그릇에 초목을 심고 그 모습을 즐기는 일본의 전통 예술입니다.

> ミニチュアの鉢植え栽培のことです。陶磁器の鉢に草木を植えてその姿を楽しむ日本の伝統的な芸術です。

2 작은 그릇에 완전한 자연을 만든다는 발상으로, 가지 모양이나 잎의 형태 등의 변화에서 사계절과 자연미를 느낄 수 있습니다.

> 小さな鉢の上に完全な自然を創るという発想で、枝ぶりや葉のかたちなどの変化に四季の移り変わりや自然美を感じることができます。

3 분재는 수백 년을 살기 때문에 이 불후의 이미지가 연배 있는 층을 매료하는 것입니다.

> 盆栽は何百年も生き続けるので、この不朽のイメージが年配者層を魅了するのです。

5 相撲

? こんな質問をされたら？

1. 스모란 무엇입니까?
   相撲とはなんですか？

2. 왜 세키토리는 소금을 뿌리는 것입니까?
   なぜ関取は塩をまくのですか？

3. 왜 일본은 스모 같은 스포츠가 있나요?
   どうして日本は相撲のようなスポーツがあるのですか？

4. 왜 스모 선수들은 모두 뚱뚱합니까?
   どうして相撲選手はみな太っているのですか？

スモ

💬 **30秒で、こう答えよう！**

1 일본의 전통적인 레슬링으로, 도효(씨름판)에서 스모 선수가 근접하여 겨루는 시합입니다.

日本の伝統的なレスリングのことで、土俵の上で力士が組み合って戦います。

2 도효를 신성한 곳으로 여겨 시합 전에 소금으로 정화하는 것입니다.

取り組みの場を神聖なものと考え、取り組む前に塩で浄めるのです。

3 스모의 기원은 기원전으로. 그 후 농작물의 수확을 점치는 궁중 행사로서 300년 이상 계속되었습니다. 사무라이의 시대에는 전투 훈련으로 행해졌고 에도 시대에 스모시합 공연이 정기적으로 이루어지게 되어 현재에 이르고 있습니다.

相撲の起源は紀元前。その後農作物の収穫を占う宮廷行事として300年以上続きました。武士の時代には戦闘の訓練として行なわれ、江戸時代に相撲の興行が定期的に行われるようになり、現在に至っています。

4 근접하여 싸우는 경기이기에 몸이 큰 쪽이 유리하다고 여겨지기 때문입니다. 단순하게 뚱뚱한 것이 아니라 특별한 식사법과 훈련으로 스모에 적합한 몸을 만들어 냅니다.

組み合って戦う競技上の理由から体が大きいほうが有利とされたからです。ただ太っているだけでなく、特別な食事法や訓練で相撲を取るのにふさわしい体を作り上げています。

ㄱ	ㄴ	ㄷ	ㄹ	ㅁ	ㅂ	ㅅ	ㅇ	ㅈ	ㅊ	ㅋ	ㅌ	ㅍ	ㅎ	ㄲ	ㄸ	ㅃ	ㅆ	ㅉ
k/g	n	t/d	r/l	m	p/b	s	-/ng	ch/j	ch	k^h	t^h	p^h	h	kk	tt	pp	ss	tch

6 浮世絵

❓ こんな質問をされたら？

1 우키요에란 무엇입니까?
浮世絵とはなんですか？

2 우키요에는 붓으로 그린 그림입니까?
浮世絵は筆で描いた絵ですか？

3 춘화란 무엇입니까?
春画とは何ですか？

우키요에

💬 **30秒で、こう答えよう！**

1 에도 시대에 생긴 회화의 형식으로 당시에는 현대에서 말하는 엽서, 포스터, 브로마이드, 책의 삽화에 해당하는 것이었습니다.

> 江戸時代に生まれた絵画の形式で、当時、現代でいう絵はがき、ポスター、ブロマイド、本の挿絵に相当するものでした。

2 에시(화가)라는 사람이 붓으로 밑그림을 그리면, 호리시(조각가)라는 사람이 그 밑그림을 목판에 조각하고 다시 에시가 채색을 한 뒤 될스리시(인쇄직인)라는 사람이 종이에 찍어 완성합니다.

> 絵師と呼ばれる人が筆で下絵を描き、彫り師と呼ばれる人がその下絵を木版に彫り、再び絵師が彩色を施したあと摺師と呼ばれる人が紙に摺って完成します。

3 남녀 간의 성적인 묘사를 새긴 에로틱한 것을 춘화라 합니다. 오락과 교육을 겸한 것이었습니다.

> 男女間の性的な描写を彫ったエロティックなものを春画といい、娯楽と教育を兼ねたものでした。

7 落語

❓ こんな質問をされたら？

1 라쿠고란 무엇입니까?
落語とは何ですか？

2 만담에서는 어떤 것을 이야기합니까?
落語ではどんなことが話されるのですか？

3 어디에서 감상할 수 있습니까?
どこで鑑賞できますか？

寄席（新宿末広亭）

라쿠고

💬 **30秒で、こう答えよう！**

1 라쿠고는 의상도 무대도 없이, 말솜씨만으로 사람을 즐겁게 하는 일본의 전통 기예입니다.

落語は衣装も舞台もなく、話芸だけで人を楽しませる日本の伝統的な演芸です。

2 많은 경우, 등장인물 간의 이야기로 진행되며, 마지막에 '오치(결말)'가 붙는 것이 특징입니다. 에도 시대부터 구전된 고전 만담과 라쿠고가의 오리지널인 창작 라쿠고로 나뉩니다.

多くは登場人物同士の話が進み、最後に「オチ」がつくのが特徴です。江戸時代から語り継がれた古典落語と落語家オリジナルの創作落語に分かれます。

3 라쿠고를 감상하는 장소는 '요세'라고 불리는데, 일반 극장보다 작은 곳으로 라쿠고나 만자이 등 기예가 피로됩니다.

落語を鑑賞する場所は「寄席」と呼ばれ、一般の劇場より小規模なところで落語や漫才などの演芸が披露されます。

ㄱ	ㄴ	ㄷ	ㄹ	ㅁ	ㅂ	ㅅ	ㅇ	ㅈ	ㅊ	ㅋ	ㅌ	ㅍ	ㅎ	ㄲ	ㄸ	ㅃ	ㅆ	ㅉ
k/g	n	t/d	r/l	m	p/b	s	-/ng	ch/j	ch	k^h	t^h	p^h	h	kk	tt	pp	ss	tch

column ❷

韓国語と日本語の発音の差

　日本で大学に通っていた時、少し興味深い話をしたことがあります。日本人の先生と学生数人と韓国人の学生数人で食事をした時でした。日本語と韓国語の発音の違いが話題になりました。日本人は皆、子音に差があると言い、韓国人は皆、母音に差があると言ったのです。合わせて7人程度の人数だったので、両国の認識を代表するには到底及びませんが、面白いと思いました。言語学的に正しくはないでしょうが、参考程度にはなるかも知れないと思い、その時の話を書いてみようと思います。

　まずは、日本語の「が」は「가」に、「か」は「카」と書きますが、日本人は韓国人が発音する「가」と「카」、両方が「か」に聞こえるということでした。韓国では、日本より相対的に子音を強く発音しようとする傾向があるかも知れません。「か」のほか、「た」行と、「は」行でも同様のようです。それをあえて表にすれば以下のようになるでしょうか。

あ＝아
が＜가＜か＜카＜까
さ＝사, ざ＝자
だ＜다＜た＜타＜따
な＝나
は＝하, ば＜바, ぱ＜파＜빠
ま＝마
や＝야
ら＝라
わ＝와

　一方、韓国人は、韓国語の母音が相対的に多いのが差だと感じています。韓国語の側の視点から見ると、日本語の母音は、「あ、い、う、え、お、や、ゆ、よ、わ」の9つに、「イェ、ウィ、ウェ、ウォ」の4つを入れて、母音が13個と言えます。それに対して韓国語には、「아, 야, 어, 여, 오, 요, 우, 유, 으, 이」の10個に、「애, 얘, 에, 예, 외, 와, 왜, 위, 워, 웨, 의」の11個を合わせ、21個の母音が

あります（ハングル母音の正しい表記は「ㅏ」のように「○」がないのですが、ここでは便宜上、表記しました）。あえて対にすると下記の表のようになります。同じかなに対する発音が複数であれば、左のものの方が発音が近くなります。「お：오，어」なら、「お」の発音は、「어」より「오」が近いです。

あ：아			
い：이	イェ：예，애		
う：우／으	ウィ：위，의	ウェ：웨，왜，외	ウォ：워
え：에，애			
お：오，어			
や：야			
ゆ：유			
よ：요，여			
わ：와			

　このように表にすると、日本語と韓国語のどの発音が近いか遠いかがわかりやすいと思います。「으，애，어，여，예，의，외，웨」がより遠い感じですね。ところが、「す」に限っては、韓国人には「수」ではなく、「스」に聞こえます。それから、「ウォ」と「워」はちょっと発音的に遠い感じです。どの発音を練習するのがよいか、多少は参考になるでしょうか。

　この他にも、現代日本語で使われる発音で「ティ、ディ、トゥ、ドゥ、フュ、ヴュ、テュ、デュ、クァ、グァ、ヴァ、ツァ、ファ」もありますが、韓国人には、それぞれ「t＋イ、d＋イ、t＋ウ、d＋ウ、h＋ユ、v＋ユ、t＋ユ、d＋ユ、k＋ワ、g＋ワ、v＋ワ、t＋ワ、h＋ワ」に聞こえます。

　最後にパッチム（받침）ですが、意外なことに、上記の話し合いのときは話題に出ませんでした。「ん」に似ていると感じるのか、それとも違い過ぎていて話に出なかったのかはわかりませんが、紙面が足りませんので、パッチムについては省略させていただきます。一つだけ、パッチムがつく音節は、二拍子ではなく、一拍子で読むとより滑らかに聞こえるでしょうとだけ、つけ加えておきます。

第4章

日本の食

일본의 음식

1 寿司

? こんな質問をされたら？

1 일본인은 매일 초밥을 먹습니까?
日本人は毎日お寿司を食べますか？

2 초밥에는 어떤 종류가 있습니까?
お寿司にはどんな種類がありますか？

3 초밥을 먹을 때 왜 뜨거운 녹차를 마십니까?
どうしてお寿司を食べる時に熱い緑茶を飲むのですか？

초밥

 30秒で、こう答えよう！

1 아닙니다. 매일 먹지는 않습니다. 일반적으로 축하나 접대 등에는 고급 초밥 집, 가족식사에는 회전초밥 집을 갑니다만, 아무리 초밥을 좋아하는 사람이라도 많아야 일주일에 1회~2회 정도입니다.

> いいえ、毎日は食べません。一般に、お祝や接待などには高級寿司店、家族で食事するときは回転寿司を利用しますが、どんなにお寿司が好きな人でも多くても週に１回～２回程度でしょう。

2 초밥 외에도 김밥, 유부초밥, 회덮밥, 누름초밥 등이 있습니다.

> にぎり寿司以外に、巻寿司、いなり寿司、ちらし寿司、押し寿司などがあります。

3 왜냐하면 뜨거운 녹차가 입안에 남아있는 기름기와 잡맛을 없애주기 때문입니다.

> なぜなら熱い緑茶は口の中に残された脂や雑味を取り除いてくれるからです。

2 回転寿司

❓ こんな質問をされたら？

1. 회전초밥과 보통 초밥의 차이점은 무엇입니까?
   回転寿司と普通のお寿司の違いは何ですか？

2. 회전초밥은 어떻게 주문합니까?
   回転寿司ではどのように注文しますか？

3. 회전초밥은 모두 같은 가격입니까?
   回転寿司は全部同じ値段ですか？

회전초밥

💬 **30秒で、こう答えよう！**

1 보통 초밥 집은 주인이 재료를 구매, 손님 앞에서 스시 장인이 쥐어줍니다. 회전초밥은 체인점마다 저렴한 재료를 대량으로 구매해 초밥 기계로 만든 초밥을 객석에 돌립니다. 회전초밥 집에도 장인이 있어 그 자리에서 쥐어주지만 맛은 같습니다.

普通の寿司店は店主がネタを仕入れ、客の前で寿司職人が握ってくれます。回転寿司はチェーン店ごとに安価なネタを大量に仕入れ、寿司マシンで握られた寿司が客席を回ります。回転寿司店にも職人がいてその場で握ってくれますが、味は同じです。

2 여러 가지 재료를 얹은 접시가 벨트 위를 돕니다. 먹고 싶은 초밥을 먹고 싶은 만큼 가져가 식사가 끝나면 웨이터가 접시의 수를 세어 계산을 해줍니다.

いろいろなネタをのせた皿がベルトの上を回ります。食べたいネタを食べたい分だけ取り、終わったらウエイターがお皿の数を数えて会計をします。

3 다릅니다. 가격에 따라 접시에 색상이 달라, 비싼 것은 한 접시에 1000엔 하는 것도 있으므로 주의해야 합니다. 무슨 색의 접시가 얼마인지 먼저 확인해 둡시다.

違います。値段によってお皿に色が違い、高いものは一皿1000円のものもあるので注意が必要です。何色のお皿がいくらか先に確認しておきましょう。

3 刺身

❓ こんな質問をされたら？

1 회란 무엇입니까?
   刺身とは何ですか？

2 회는 어떻게 먹어야 합니까?
   刺身はどうやって食べるのですか？

3 일본인이 즐겨 먹는 회는 무엇입니까?
   日本人がよく食べる刺身は何ですか？

회

  30秒で、こう答えよう！

1 물고기를 생으로 얇게 잘라낸 것으로 접시에 예쁘게 담아 나옵니다. 회에서 중요한 것은 제철(가장 맛이 좋은 시기)과 신선도입니다.

薄く切られた生の魚で、皿の上にきれいに盛りつけられています。刺身で大切なものは旬（最も味が良い時期）と鮮度です。

2 와사비와 함께 간장에 찍어 먹습니다.

わさびと一緒に醤油につけて食べます。

3 참치, 방어, 연어, 오징어, 흰 살 생선(도미, 넙치), 등 푸른 생선(전갱이, 고등어, 정어리)은 언제나 잘 나가고 성게알이나 조개류도 인기 있습니다.

マグロ、ハマチ、サケ、イカ、白身魚（タイ、ヒラメ）、青魚（アジ、サバ、イワシ）は定番で、ウニや貝類も好まれます。

4 ラーメン

❓ こんな質問をされたら？

1 라멘국물에 사용되는 재료는 무엇입니까?
ラーメンの出汁に使われる材料は何ですか？

2 라멘은 일본에서 얼마나 인기가 있습니까?
ラーメンは日本でどのくらい人気がありますか？

3 라멘과 무엇을 함께 먹습니까?
ラーメンと一緒に食べるものは何ですか？

라멘

 30秒で、こう答えよう！

1 닭, 돼지, 생선, 다시마, 버섯, 야채 등 다양한 소재로 구성되어 있습니다.
鶏、豚、魚、昆布、キノコ、野菜などさまざまな素材からできています。

2 라면은 일본에서 매우 인기로 전국에 유명한 집이 있습니다. 유명한 집을 정기적으로 방문하는 열광적인 팬이 많습니다.
ラーメンは日本で大人気で、全国に有名店があります。有名店を定期的に訪問するような熱狂的なファンが大勢います。

3 일본에서는 라멘과 만두나 볶음밥세트가 인기 있습니다.
日本では餃子やチャーハンとラーメンのセットに人気があります。

5 そば

? こんな質問をされたら？

1. 소바 (메밀국수) 란 무엇입니까 ?
   そばとは何ですか。

2. 소바는 어디서 먹을 수 있습니까 ?
   そばはどこで食べられますか？

3. 소바에는 어떤 종류가 있습니까 ?
   そばにはどんな種類がありますか？

4. 일본인은 왜 소리를 내며 소바를 먹나요 ?
   日本人はなぜ音をたててそばを食べるのですか？

소바

 30秒で、こう答えよう！

1 소바는 메밀가루로 만든 얇은 국수입니다.

そばはそば粉でできた細い麺です。

2 '소바야'라 구분되는 전문점에서 먹을 수 있습니다.

蕎麦屋という専門店で食べられます。

3 여러 종류가 있습니다만, 메밀의 섬세함을 느끼는 데는 '모리소바(냉메밀국수)'나 '덴자루(튀김소바)'를 추천합니다.

いろいろな種類がありますが、そばの繊細さを味わうには、もりそばや天ざるがおすすめです。

4 소리를 내며 면을 먹는 것은 일본의 음식 문화의 하나로 매너위반이 아닙니다. 그것이 소바를 맛있게 먹는 방법입니다.

音をたててそばをすするのは日本の食文化の1つで、マナー違反にはなりません。それがそばのおいしい食べ方なのです。

6 天婦羅

? こんな質問をされたら？

1 튀김이란 무엇입니까?
天婦羅とは何ですか？

2 일본인이 잘 먹는 튀김은 무엇입니까?
日本人がよく食べる天婦羅は何ですか？

3 튀김의 제대로 먹는 방법은?
天婦羅の正しい食べ方は？

튀김

 30秒で、こう答えよう！

1. 튀김은 튀긴 생선이나 야채를 말하는 것으로, 밀가루와 계란으로 만든 튀김옷에 싸여있습니다.

   天婦羅とは、揚げた魚や野菜のことで、小麦粉と卵でできた衣におおわれています。

2. 해물로는 새우, 빙어, 키스, 붕장어, 야채로는 고구마, 가지, 연근이 주류입니다. 여러 야채와 조개 관자와 새우를 섞어 튀긴 가키아게도 인기입니다.

   海鮮では、海老、わかさぎ、キス、あなご、野菜では、さつまいも、なす、レンコンが定番です。いろいろな野菜と貝柱や小エビを混ぜて揚げた「かき揚げ」も人気です。

3. 가다랑어와 다시마 육수, 간장, 미림으로 만든 소스에 찍어 먹습니다. 이 소스를 '덴츠유'라고 합니다.

   鰹や昆布の出汁と、醤油、みりんで作ったたれにつけて食べます。このつゆを天つゆといいます。

7 焼き鳥

❓ こんな質問をされたら？

1 닭꼬치란 무엇입니까?
焼き鳥とは何ですか？

2 닭꼬치는 어디서 먹을 수 있나요?
焼き鳥はどこで食べられますか？

3 어떻게 주문하면 됩니까?
どのように注文すればよいですか？

닭꼬치

 30秒で、こう答えよう！

1 꼬치에 끼워 구운 닭고기입니다. 일본 B급 미식의 매력을 보여주는 음식입니다. 돼지고기를 꽂아 굽는 돼지꼬치도 인기입니다.

くしに刺して焼いた鳥のことです。日本のB級グルメの魅力を伝える一品です。豚を刺して焼く焼きトンも人気です。

2 주문을 받은 후 숯불에 구워주는 이자카야의 닭꼬치가 가장 맛있습니다만, 편의점이나 백화점의 식품 매장에서도 닭꼬치를 포장해서 살 수 있습니다.

注文を受けてから炭火で焼いてくれる居酒屋の焼き鳥が一番美味しいですが、コンビニやデパートの食品売り場でも持ち帰りの焼き鳥を買うことができます。

3 자신의 먹고 싶은 닭의 부위(허벅지, 간, 모래주머니, 껍질 등)를 주문할 수 있습니다. 맛은 양념 또는 소금을 선택할 수 있습니다.

自分の食べたい鳥の部位（もも、レバー、砂肝、皮等々）を注文することができます。味付けはタレか塩を選びます。

ㄱ	ㄴ	ㄷ	ㄹ	ㅁ	ㅂ	ㅅ	ㅇ	ㅈ	ㅊ	ㅋ	ㅌ	ㅍ	ㅎ	ㄲ	ㄸ	ㅃ	ㅆ	ㅉ
k/g	n	t/d	r/l	m	p/b	s	-/ng	ch/j	ch	kʰ	tʰ	pʰ	h	kk	tt	pp	ss	tch

8 懐石

❓ こんな質問をされたら？

1 가이세키란 무엇입니까?
懐石とは何ですか？

2 가이세키는 어디서 먹을 수 있나요?
懐石はどこで食べられますか？

3 가이세키에는 어떤 특징이 있습니까?
懐石にはどんな特徴がありますか？

4 가이세키는 보통 얼마면 먹을 수 있나요?
懐石は大体いくらで食べられますか？

가이세키

💬 30秒で、こう答えよう！

1 가이세키는 가장 정식적인 일본 요리로, 격식을 차린 자리 등에 대접합니다.

懐石は最も正式的な日本料理であり、改まった席などで供されます。

2 료테(요정)나 갓포(고급 일본 요리점)에서 먹을 수 있습니다. 최근에는 점심 메뉴로 가이세키를 제공하는 일식 레스토랑도 있습니다.

料亭や割烹(高級な日本料理店)で食べられます。最近はランチメニューで懐石を提供する和食レストランもあります。

3 가이세키에서는 계절별로 재료와 곁들임 요리를 내어놓기 때문에, 외형의 아름다움뿐만 아니라 제철의 맛을 즐길 수 있습니다.

懐石では、季節ごとの素材や付け合わせが取り入れられているので、見た目の美しさだけでなく、旬の味わいを楽しむことができます。

4 가게에 따라 다르지만 일반 식사보다 훨씬 비싸다고 생각하는 것이 좋습니다. 좌석 예약과 가격의 확인도 잊지 않으시도록.

店によって違いますが、通常の食事よりかなり高いと思ったほうがよいでしょう。席の予約と値段の確認も忘れずに。

9 うなぎ

❓ こんな質問をされたら？

1 일본인은 장어를 자주 먹습니까?
日本人はうなぎをよく食べますか？

2 왜 여름에 장어를 먹습니까?
どうして夏にうなぎを食べるのですか？

3 장어는 어디서 먹을 수 있나요?
うなぎはどこで食べられますか？

장어

💬 **30秒で、こう答えよう！**

1 일본인은 여름에 장어를 먹습니다. 특히 7월 30일 도요노우시노히에.

日本人は夏にうなぎを食べます。特に7月30日土用の丑の日に。

2 왜냐하면 장어에는 풍부한 단백질, 지방, 비타민 A, E가 포함되어있어, 일본인은 장어가 더운 날씨를 이겨낼 정력이 나는 것이라고 믿고 있기 때문입니다.

なぜなら、うなぎには豊富なたんぱく質、脂肪、ビタミンA、Eが含まれていて、日本人にうなぎは暑い天候に打ち勝つ精力をつけてくれるものだと信じられているからです。

3 장어는 대부분 장어 전문점에서 먹을 수 있습니다.

うなぎはほとんどうなぎ専門店で供されます。

ㄱ	ㄴ	ㄷ	ㄹ	ㅁ	ㅂ	ㅅ	ㅇ	ㅈ	ㅊ	ㅋ	ㅌ	ㅍ	ㅎ	ㄲ	ㄸ	ㅃ	ㅆ	ㅉ
k/g	n	t/d	r/l	m	p/b	s	-/ng	ch/j	ch	k^h	t^h	p^h	h	kk	tt	pp	ss	tch

10 カレーライス

❓ こんな質問をされたら？

1 일본인이 즐겨 먹는 가정요리는 무엇입니까?
日本人がよく食べる家庭料理は何ですか？

2 일본의 카레는 보통 카레와 어떻게 다릅니까?
日本のカレーは普通のカレーとどこが違いますか？

3 일본의 카레는 어디서 먹을 수 있나요?
日本のカレーはどこで食べられますか？

4 일본의 카레로 추천은 무엇입니까?
日本のカレーでおすすめは何ですか？

카레라이스

 30秒で、こう答えよう！

1 카레라이스입니다.

カレーライスです。

2 카레는 인도 음식이지만, 일본의 카레는 일본인의 취향에 맞게 만들어진 일본식 카레입니다.

カレーはインド料理ですが、日本のカレーは日本人の好みに合わせて作り出した日本風のカレーです。

3 일본에는 카레라이스 전문점이 많이 있습니다. 카레를 사서 집에서 만드는 것도 추천합니다. 만드는 방법은 매우 간단합니다.

日本には多くのカレーライス専門店があります。カレールーを買って家で作るのもオススメです。作り方はとても簡単です。

4 쇠고기 카레가 가장 인기이지만, 돈까스 카레도 일본인에게 인기 있습니다. 그리고, 카레 빵도 추천합니다.

ビーフカレーが1番人気ですが、かつカレーも日本人に人気があります。それと、カレーパンもオススメです。

11 お好み焼き

❓ こんな質問をされたら？

1. 오코노미야키란 무엇입니까?
   お好み焼きとは何ですか？

2. 오코노미야키의 재료는 무엇입니까?
   お好み焼きの材料は何ですか？

3. 오코노미야키는 어디서나 먹을 수 있나요?
   お好み焼きはどこでも食べられますか？

4. 오코노미야키는 가정에서도 만들 수 있습니까?
   お好み焼きは家庭でも作れますか？

오코노미야키

💬 **30秒で、こう答えよう！**

1. 오코노미야키 반죽에 다양한 재료를 넣고 철판에 구운 팬케이크같은 것입니다.

   お好み焼は生地に様々な素材を入れて鉄板で焼いたパンケーキのことです。

2. 해물과 고기, 양배추 등의 야채, 실로 폭넓은 토핑이 있습니다. 소스는 오코노미야키 전용 소스를 사용합니다.

   海鮮や肉、キャベツなどの野菜、実に幅広くトッピングがあります。ソースはお好み焼き専用のソースを使います。

3. 오코노미야키는 관서지방의 오사카와 히로시마에서 유명한 미식이지만, 도쿄에서도 먹을 수 있습니다.

   お好み焼きは関西地方の大阪や広島で有名なグルメですが、東京でも食べられます。

4. 슈퍼에서 파는 '오코노미야키 가루'가 있으면 누구나 쉽게 만들 수 있습니다.

   スーパーで売られている「お好み焼き粉」があれば誰でも簡単に作れます。

12 どんぶり

? こんな質問をされたら？

1. 덮밥이란 무엇입니까?
   どんぶりとは何ですか？

2. 일본에서 인기 있는 덮밥은 무엇입니까?
   日本で人気のどんぶり料理は何ですか？

3. 오야코 덮밥은 무엇입니까?
   親子丼とは何ですか？

4. 튀김 덮밥은 무엇입니까?
   天丼とは何ですか？

덮밥

💬 **30秒で、こう答えよう！**

1 덮밥은 일본에서 인기 있는 패스트푸드입니다.
どんぶりは日本で人気のファーストフードです。

2 인기 있는 덮밥은 오야코 덮밥, 돈까스 덮밥, 튀김 덮밥, 소고기 덮밥입니다.
人気のどんぶり料理は親子丼、カツ丼、天丼、牛丼です。

3 오야코 덮밥은 닭고기를 얹고 양파와 계란으로 덮은 덮밥입니다.
親子丼は鶏肉をのせ、玉ねぎと卵でおおったどんぶりです。

4 튀김덮밥은 튀김을 얹은 덮밥입니다. 주로 새우튀김에 다른 재료도 조금 들어가 있습니다.
天丼は、天ぷらのどんぶりです。主にエビの天ぷら、あとほかの食材も少し入っています。

13 酒

? こんな質問をされたら？

1 일본인에게 술은 무엇입니까?
日本人にとってお酒とは何ですか？

2 일본에서는 술을 부어주는 것이 보통입니까?
日本ではお酒を注いであげるのが普通なのですか？

3 일본인은 술을 많이 마십니까?
日本人はけっこうお酒を飲めますか？

술

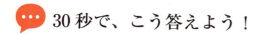

💬 **30秒で、こう答えよう！**

1 술은 고대부터 일본인의 생활에 깊이 관련되어 왔습니다. 제법이나 재료에 따라 다양한 종류의 술이 있으며, 전통적인 양조업체(일본술을 만드는 곳)가 전국 각지에 많이 있습니다.

日本酒は古代から日本人の生活に深く関わってきました。製法や原料によってさまざまな種類の日本酒があり、伝統的な醸造元（日本酒を造るところ）が全国各地にたくさんあります。

2 일본인 친구와 함께라면 술이나 맥주를 상대의 컵에 부어주는 것은 보통입니다.

日本人の友人と一緒であれば、お酒やビールを相手のコップに注いであげるのは普通のことです。

3 일본에서는 20세부터 술을 마실 수 있습니다. 남녀를 불문하고 직장동료나 친구끼리 마실 기회가 많습니다. 가정에서도 '반주(저녁 식사와 함께 술을 마시는 것)'를 좋아하는 사람이 많습니다.

日本では20歳からお酒を飲めます。男女を問わず、職場の同僚や友人同士で飲む機会は多く、家庭でも「晩酌（夕飯と一緒にお酒を飲む）」を好む人がたくさんいます。

ㄱ	ㄴ	ㄷ	ㄹ	ㅁ	ㅂ	ㅅ	ㅇ	ㅈ	ㅊ	ㅋ	ㅌ	ㅍ	ㅎ	ㄲ	ㄸ	ㅃ	ㅆ	ㅉ
k/g	n	t/d	r/l	m	p/b	s	-/ng	ch/j	ch	k^h	t^h	p^h	h	kk	tt	pp	ss	tch

14 焼酎

? こんな質問をされたら？

1 소주란 무엇입니까？
焼酎とはなんですか？

2 소주는 어떻게 마시면 좋습니까？
焼酎はどのように飲めばいいのですか？

3 아와모리는 무엇입니까？
泡盛とは何ですか？

소주

💬 **30秒で、こう答えよう！**

1 소주는 일본의 증류주로, 쌀, 보리, 고구마, 흑설탕 등으로 만들어지고 있습니다.

焼酎は日本の蒸留酒で、米、麦、芋、黒糖などから作られています。

2 온더록스로 마실 수 있지만, 최근에는 소주 칵테일이 많이 개발되고 있습니다. 레몬이나 자몽 등 신선한 과일이나 차를 섞어도 맛있습니다.

オンザロックで飲めますが、最近では焼酎カクテルがたくさん生み出されています。レモンやグレープフルーツといった新鮮な果実やお茶で割ってもいけますよ。

3 아와모리는 오키나와에서 만들어진 유명한 소주로 대부분이 태국에서 수입한 인디카쌀로 만들어집니다.

泡盛は沖縄で作られる有名な焼酎で、ほとんどがタイから輸入されたインディカ米で作られます。

ㄱ	ㄴ	ㄷ	ㄹ	ㅁ	ㅂ	ㅅ	ㅇ	ㅈ	ㅊ	ㅋ	ㅌ	ㅍ	ㅎ	ㄲ	ㄸ	ㅃ	ㅆ	ㅉ
k/g	n	t/d	r/l	m	p/b	s	-/ng	ch/j	ch	kʰ	tʰ	pʰ	h	kk	tt	pp	ss	tch

15 お茶

❓ こんな質問をされたら？

1 일본인이 자주 마시는 차는 무엇입니까?
日本人がよく飲むお茶は何ですか？

2 일본에서 건강차가 유행하고 있습니까?
日本で健康茶は流行っていますか？

3 일본의 건강차에는 어떤 종류가 있나요?
日本の健康茶にはどんな種類がありますか？

차

 30秒で、こう答えよう！

1 녹차입니다. 최근에는 다양한 종류의 녹차가 페트병으로 판매되고 있고 자동판매기에서 팔고 있습니다.

> 緑茶です。最近はさまざまな種類の緑茶のペットボトルが販売されており、自動販売機で売られています。

2 일본인은 건강에 관심이 높기 때문에 건강차를 마시는 사람도 많습니다. 최근에는 다이어트와 노화방지에 효과 있는 것이 인기입니다.

> 日本人は健康意識が高いので、健康茶を飲む人も多いです。最近はダイエットやアンチエイジング効果のあるものが人気です。

3 검은콩차나 보리차도 건강차입니다. 카페인이 없어 성인은 물론 어린이도 마실 수 있습니다.

> 黒豆茶や麦茶も健康茶です。ノーカフェインで大人はもちろん、子どもも飲めます。

16 弁当

? こんな質問をされたら？

1. 일본인은 매일 학교나 회사에 도시락을 가지고 갑니까?
   日本人は毎日学校や会社にお弁当を持っていくのですか？

2. '캐릭터 도시락'은 무엇입니까?
   「キャラ弁」とは何ですか？

3. 일본의 철도도시락은 맛있습니까?
   日本の駅弁はおいしいですか？

4. 인기 있는 철도도시락에는 어떤 것이 있습니까?
   人気の駅弁にはどんなものがありますか？

도시락

 30秒で、こう答えよう！

1 학교에 급식이나 식당이 없는 경우는 도시락을 지참합니다. 회사에 도시락을 지참하는 이유는 대부분 절약입니다. 외식보다 도시락이 더 경제적입니다.

学校に給食や食堂がない場合は弁当を持参します。会社に弁当を持参する理由の多くは節約のためです。外食より弁当のほうが経済的です。

2 캐릭터 도시락은 애니메이션이나 만화의 캐릭터나 귀여운 동물의 얼굴모양으로 반찬을 만든 도시락입니다. 어린 자녀를 둔 엄마가 즐겁게 도시락을 먹을 수 있게 솜씨를 발휘합니다.

キャラ弁とは、アニメやマンガのキャラクターやかわいい動物の顔を弁当のおかずで作るお弁当です。小さい子どもをもつママが喜んでお弁当を食べてくれるように腕をふるいます。

3 현지 특산물이 들어 있기 때문에 출장이나 관광의 즐거움 중 하나입니다.

地元の特産物が入っているので出張や観光のたのしみの1つです。

4 센다이의 '우설 도시락', 홋카이도의 '오징어순대', 도야마의 '송어초밥', 야마가타의 '쇠고기 도시락', 후쿠이의 '게 도시락' 등은 전국적으로 유명합니다.

仙台の「牛たん弁当」、北海道の「イカめし」、富山の「ますのすし」、山形の「牛肉弁当」、福井の「かにめし」などは全国的に有名です。

17 梅干し

? こんな質問をされたら？

1. 우메보시란 무엇입니까?
   梅干しとは何ですか？

2. 우메보시는 그대로 먹을 수 있나요?
   梅干しはそのまま食べられますか？

3. 우메보시는 썩지 않는다는 정말인가요?
   梅干しは腐らないって本当ですか？

우메보시

💬 **30秒で、こう答えよう！**

1 우메보시는 매실을 발효시킨 것으로, 매우 시고 건강에 좋습니다.

梅干しは、梅の実を漬けたもので、とても酸っぱくて健康に良いものです。

2 그대로 우메보시만 먹으면 신맛이 너무 강하기 때문에 밥과 함께 먹는 것이 보통입니다. 주먹밥의 재료나 요리에도 많이 사용합니다.

そのまま梅干しだけを食べると酸っぱすぎると感じるので、ご飯と一緒に食べるのがふつうです。おにぎりの具や料理にもよく使います。

3 원래 저장음식으로 만들어진 것이지만, 썩지 않는 것은 아닙니다. 유통 기한은 대체로 1년 정도입니다.

もともと保存食として作られたものですが、腐らないというわけではありません。賞味期限はだいたい1年前後です。

18 わさび・鰹節・納豆

? こんな質問をされたら？

1 와사비란 무엇입니까?
わさびとは何ですか？

2 가쓰오부시란 무엇입니까?
鰹節とは何ですか？

3 낫토는 어떤 음식입니까?
納豆はどういう食べ物ですか？

4 낫토는 어떻게 먹습니까?
納豆はどう食べますか？

와사비(고추냉이)·가쓰오 부시·낫토

💬 **30秒で、こう答えよう！**

1. 와사비는 '겨자'로, 회나 초밥, 일본 소바를 먹을 때 빠질 수 없는 향신료입니다.

   わさびとは「겨자*（キョジャ）」のことで、刺身や寿司、日本蕎麦を食べるときに欠かせない香辛料です。
   　　　　　　　　　　　　　　　　　*겨자は正確には「からし」のこと

2. 가쓰오부시는 말려서 훈제한 가다랭이로, 깎아 내거나 얇게 잘라 국의 육수나 많은 요리에 맛을 내는 데 사용합니다.

   鰹節は干して燻したカツオのことで、削ったり細切りにして汁物の出汁や多くの料理の味付けに使います

3. 낫토는 콩을 발효시킨 것으로, 일본인이 많이 먹는 것 중 하나입니다.

   納豆は大豆を発酵させたもので、日本人がよく食べるものの一つです。

4. 우선 끈기가 나올 때까지 저어 밥에 얹어 함께 먹는 것이 일반적입니다. 오믈렛이나 볶음밥의 재료로 사용되거나 다른 요리에 사용되는 경우도 많습니다.

   まず粘りが出るまでかき混ぜて、ご飯にのせて一緒に食べるのが一般的です。オムレツやチャーハンの具材に使われたり、他の料理に使われることもよくあります。

19 和菓子

❓ こんな質問をされたら？

1 화과자란 무엇입니까?
和菓子とは何ですか？

2 팥소란 무엇입니까?
あんことは何ですか？

3 일본에서 인기 있는 화과자는 무엇입니까?
日本で人気のある和菓子は何ですか？

화과자

 30秒で、こう答えよう！

1 화과자는 일본 전통과자입니다. 세련되고 예쁘게 만든 과자는 다과회에 빠질 수없는 것입니다.

和菓子とは伝統的な日本のお菓子のことです。洗練され、綺麗に仕上げられた和菓子は茶会の席には欠かせないものです。

2 팥소는 팥으로 만든 고물입니다.

あんことはあずきのあんのことです。

3 '센베'가 가장 인기 있는 과자입니다. '센베'는 쌀가루와 맛을 내는 재료로 만들어져 있습니다.

煎餅が最も人気のある和菓子です。煎餅は米粉と味付けのための材料で作られています。

第5章

日本の都市

일본의 도시

1 東京

? こんな質問をされたら？

1 일본의 수도는 어디입니까?
日本の首都はどこですか？

2 도쿄의 인구는 얼마나 됩니까?
東京の人口はどれくらいですか？

3 도쿄의 경제규모는 어느 정도입니까?
東京の経済規模はどのくらいですか？

| ㅏ | ㅑ | ㅓ | ㅕ | ㅗ | ㅛ | ㅜ | ㅠ | ㅡ | ㅣ | ㅐ | ㅒ | ㅔ | ㅖ | ㅘ | ㅙ | ㅚ | ㅝ | ㅞ | ㅟ | ㅢ |
| a | ya | eo | yeo | o | yo | u | yu | eu | i | ae | yae | e | ye | wa | wae | we | wo | we | wi | ui |

도쿄

 30秒で、こう答えよう！

1 도쿄입니다. 도쿄는 일본의 행정, 입법, 사법의 중심지입니다.

東京です。東京は日本の行政、立法、司法の中心地です。

2 도쿄에는 약 1300만 명의 사람이 살고 있습니다. 도쿄 근교의 도시권을 포함하면 인구는 약 3700만 명에 달합니다.

東京には約1300万人の人が住んでいます。東京の近郊の都市圏を含めると人口は約3700万人にのぼります。

3 도쿄 도내 총생산은 약 92조 9000억 엔입니다. 이것은 멕시코나 한국의 국내 총생산에 필적하며, 일본의 자본 10억 원 이상 대기업의 약 50%가 도쿄에 모여 있습니다.

東京都の都内総生産は約92兆9000億円です。これはメキシコや韓国の国内総生産に匹敵し、国内資本金10億円以上の大企業の約50%が東京に集中しています。

ㄱ	ㄴ	ㄷ	ㄹ	ㅁ	ㅂ	ㅅ	ㅇ	ㅈ	ㅊ	ㅋ	ㅌ	ㅍ	ㅎ	ㄲ	ㄸ	ㅃ	ㅆ	ㅉ
k/g	n	t/d	r/l	m	p/b	s	-/ng	ch/j	ch	kʰ	tʰ	pʰ	h	kk	tt	pp	ss	tch

2 京都

? こんな質問をされたら？

1 교토는 어디에 있습니까?
京都はどこにありますか？

---

2 교토는 어떤 곳입니까?
京都はどんなところですか？

---

3 교토의 볼거리는 어디입니까?
京都の見どころはどこですか？

교토

 30秒で、こう答えよう！

1 도쿄의 서쪽 460킬로미터 떨어진 곳에 위치하고 있습니다. 도쿄에서 교토까지 신칸센으로 2시간 15분 정도 걸립니다.

東京の西、460キロのところに位置しています。東京から京都まで新幹線で2時間15分かかります。

2 고도(古都) 교토에는 아름다운 정원이 있는 오래된 사찰, 신사, 별장, 전통 가옥 등 셀 수 없이 많은 명승고적이 있습니다.

古都・京都には、美しい庭のある古い寺、神社、別荘、伝統的な家など数えきれない名所旧跡があります。

3 기온은 국가 지정 역사보존지구로 옛 민가, 찻집, 요리점 등이 있습니다. 여기에서는 일본식 머리를 하고 얼굴을 하얗게 칠한 기모노 차림의 마이코를 볼 수 있습니다.

祇園は国の歴史保存地区で、古くからの民家、お茶屋、料理屋などがあります。ここでは、日本髪を結い、顔に白粉を塗った着物姿の舞妓が見かけられます。

3 大阪

? こんな質問をされたら？

1. 오사카는 어디에 있습니까?
   大阪はどこにありますか？

2. 오사카는 어떤 곳입니까?
   大阪はどんなところですか？

3. 오사카의 볼거리는 어디입니까?
   大阪の見どころはどこですか？

오사카

 30秒で、こう答えよう!

1 도쿄의 서쪽 550킬로미터 떨어진 곳에 위치하고 있습니다. 신칸센으로 교토의 다음 역이 오사카입니다.

東京の西、550キロのところに位置しています。新幹線で京都の次の駅が大阪です。

2 오사카 사람은 자신의 유머나 센스에 자부심을 가지고 있으며, 독특한 웃음 문화가 뿌리 내리고 있습니다. 많은 개그맨이 오사카 및 오사카 주변 출신으로, 코미디 전문 극장도 있습니다.

大阪では自分たちのユーモアやセンスに誇りを持っており、独特なお笑い文化が根付いています。多くのお笑い芸人が大阪および大阪周辺の出身で、お笑い専門の劇場もあります。

3 오사카 제일의 번화가 난바는 오사카의 맛있는 것을 한자리에서 만날 수 있는 미식의 중심입니다. 그 밖에 오사카 성과 유니버설 스튜디오, 가이유칸(대형 수족관)도 놓칠 수 없습니다.

大阪一の繁華街、難波は大阪のおいしいものが一堂に会する食い道楽の中心です。他に、大阪城やユニバーサルスタジオ、海遊館(大型水族館)も見逃せません。

第5章 日本の都市

ㄱ	ㄴ	ㄷ	ㄹ	ㅁ	ㅂ	ㅅ	ㅇ	ㅈ	ㅊ	ㅋ	ㅌ	ㅍ	ㅎ	ㄲ	ㄸ	ㅃ	ㅆ	ㅉ
k/g	n	t/d	r/l	m	p/b	s	-/ng	ch/j	ch	k^h	t^h	p^h	h	kk	tt	pp	ss	tch

4 奈良

? こんな質問をされたら？

1. 나라는 어디에 있습니까?
   奈良はどこにありますか？

2. 나라는 어떤 곳입니까?
   奈良はどんなところですか？

3. 나라의 볼거리는 어디입니까?
   奈良の見どころはどこですか？

나라

💬 **30秒で、こう答えよう！**

1 나라는 기이 반도의 중간쯤에 위치합니다. 교토에서 전철로 30분이면 갈 수 있습니다.

奈良は紀伊半島の真ん中あたりに位置し、京都から電車で30分ほどで行けます。

2 일본 굴지의 역사 있는 거리로 710년부터 792년까지 일본의 수도가 있던 곳입니다. 교토에 비하면 상당히 편안한 분위기가 있습니다. 세계유산에 등록 된 사찰, 사적, 문화재가 많이 있습니다.

日本屈指の歴史の町で、710年から792年まで日本の都が置かれた場所です。京都に比べるとかなりリラックスした雰囲気が味わえます。世界遺産に登録された寺社、史跡、文化財が多くあります。

3 8세기에 건립 된 도다이지에서는 세계 최대의 구리 불상을 볼 수 있으며, 인접한 나라 공원에서 많은 사슴과 만날 수 있습니다. 봄에는 요시노의 벚꽃이 명소입니다.

8世紀に建立された東大寺では世界最大の銅製の大仏を見ることができるほか、隣接する奈良公園でたくさんの鹿と触れ合えます。春は吉野山の桜が名所です。

第5章 日本の都市

ㄱ	ㄴ	ㄷ	ㄹ	ㅁ	ㅂ	ㅅ	ㅇ	ㅈ	ㅊ	ㅋ	ㅌ	ㅍ	ㅎ	ㄲ	ㄸ	ㅃ	ㅆ	ㅉ
k/g	n	t/d	r/l	m	p/b	s	-/ng	ch/j	ch	k^h	t^h	p^h	h	kk	tt	pp	ss	tch

5 広島

? こんな質問をされたら？

1 히로시마는 어디에 있습니까?
  広島はどこにありますか？

2 히로시마는 어떤 곳입니까?
  広島はどんなところですか？

3 히로시마의 볼거리는 어디입니까?
  広島の見どころはどこですか？

히로시마

💬 **30秒で、こう答えよう！**

1 히로시마는 혼슈(일본 열도를 구성하는 4개로 나누는 섬 중 가장 큰 섬)의 서쪽에 위치한 주고쿠 지역에 있습니다. 도쿄에서 신칸센으로 4시간 반입니다.

広島は本州の西に位置する中国地方にあります。東京から新幹線で4時間半です。

2 히로시마는 1945년 8월 6일 세계 최초로 원자폭탄이 투하 된 도시로서 세계적으로 유명합니다.

広島は1945年8月6日に世界で初めて原爆を落とされた都市として世界的に有名です。

3 히로시마는 세계유산이 2개 있습니다. 히로시마 평화 기념 공원 및 이쓰쿠시마 신사입니다.

広島には世界遺産が2つあります。広島平和記念公園と厳島神社です。

第5章 日本の都市

ㄱ	ㄴ	ㄷ	ㄹ	ㅁ	ㅂ	ㅅ	ㅇ	ㅈ	ㅊ	ㅋ	ㅌ	ㅍ	ㅎ	ㄲ	ㄸ	ㅃ	ㅆ	ㅉ
k/g	n	t/d	r/l	m	p/b	s	-/ng	ch/j	ch	k^h	t^h	p^h	h	kk	tt	pp	ss	tch

6 福岡

❓ こんな質問をされたら？

1 후쿠오카는 어디에 있습니까?
福岡はどこにありますか？

2 후쿠오카는 어떤 곳입니까?
福岡はどんなところですか？

3 후쿠오카의 볼거리는 어디입니까?
福岡の見どころはどこですか？

후쿠오카

💬 **30秒で、こう答えよう！**

1　규슈의 북부에 있습니다. 도쿄에서 후쿠오카까지 신칸센으로 약 5 시간입니다.

九州の北部にあります。東京から福岡まで新幹線で約 5 時間です。

2　규슈의 경제와 문화의 중심을 담당하는 대도시입니다. 후쿠오카에서 아시아 각지에 비행기로 갈 수 있으며, 후쿠오카와 부산 사이를 약 3 시간에 연결하는 고속선이 운항하고 있습니다.

九州の経済や文化の中心を担う大都市です。福岡空港からはアジア各地へ飛行機で行くことができるほか、福岡と韓国の釜山の間を約 3 時間で結ぶ高速船が運行しています。

3　하카타의 전통 여름축제 '야마카사'는 압권으로 볼 가치가 있습니다. 다자이후텐만구와 규슈국립박물관도 인기입니다.

博多の伝統的な夏祭り「山笠」は圧巻の見応えがあります。太宰府天満宮や九州国立博物館も人気です。

ㄱ	ㄴ	ㄷ	ㄹ	ㅁ	ㅂ	ㅅ	ㅇ	ㅈ	ㅊ	ㅋ	ㅌ	ㅍ	ㅎ	ㄲ	ㄸ	ㅃ	ㅆ	ㅉ
k/g	n	t/d	r/l	m	p/b	s	-/ng	ch/j	ch	k^h	t^h	p^h	h	kk	tt	pp	ss	tch

第 5 章　日本の都市

7 沖縄

? こんな質問をされたら？

1. 오키나와는 어디에 있습니까?
   沖縄はどこにありますか？

2. 오키나와는 어떤 곳입니까?
   沖縄はどんなところですか？

3. 오키나와의 볼거리는 어디입니까?
   沖縄の見どころはどこですか？

오키나와

🗨 30秒で、こう答えよう！

1. 오키나와는 규슈와 대만 사이에 위치하고 있습니다. 오키나와는 160개의 섬이 이어진 류큐 제도 남쪽에 있으며, 현청 소재지는 나하입니다.
   _{沖縄は九州と台湾の間に位置しています。沖縄は160の島が連なる琉球諸島の南にあり、県庁所在地は那覇です。}

2. 1945년에 미군의 공격으로 치열한 전장이었던 오키나와에는 지금도 많은 전쟁의 자취가 남아 있습니다. 오키나와에는 많은 미군기지가 있어 찬반양론이 있는 정치적 관심사입니다.
   _{1945年にアメリカ軍に攻撃されて激しい戦場となった沖縄には今も多くの戦跡が残っています。沖縄本島にはたくさんの米軍基地があり、賛否両論のある政治的関心事となっています。}

3. 주변에는 이시가키 섬, 이리오모테 섬, 구메 섬 등 자연 그대로의 아름다운 자연과 바다를 즐길 수 있는 섬들이 있어 바다스포츠의 메카입니다. 나하에 있는 슈리 성은 세계유산으로 등록되어 있습니다.
   _{周辺には石垣島、西表島、久米島など手つかずの美しい自然と海が味わえる島々があり、マリンスポーツのメッカとなっています。那覇市にある首里城は世界遺産に登録されています。}

ㄱ	ㄴ	ㄷ	ㄹ	ㅁ	ㅂ	ㅅ	ㅇ	ㅈ	ㅊ	ㅋ	ㅌ	ㅍ	ㅎ	ㄲ	ㄸ	ㅃ	ㅆ	ㅉ
k/g	n	t/d	r/l	m	p/b	s	-/ng	ch/j	ch	kʰ	tʰ	pʰ	h	kk	tt	pp	ss	tch

8 北海道

❓ こんな質問をされたら？

1 홋카이도는 어디에 있습니까?
北海道はどこにありますか？

2 홋카이도는 어떤 곳입니까?
北海道はどんなところですか？

3 홋카이도의 명물이 무엇입니까?
北海道の名物はありますか？

홋카이도

 30秒で、こう答えよう！

1. 홋카이도는 4개의 섬으로 이루어진 일본 열도의 최북단에 위치합니다. 2016년 3월에 아오모리와 하코다테를 연결하는 홋카이도 신칸센이 개통했습니다.

   北海道は４つの島からなる日本列島の最北に位置しています。2016年3月に青森と函館を結ぶ北海道新幹線が開通しました。

2. 홋카이도의 겨울은 매우 춥고 스키 리조트가 많이 있습니다. 넓은 대지와 웅대한 경관을 즐길 수 있는 관광명소가 많고, 동쪽 해안에는 유빙이 흘러와 장관입니다.

   北海道の冬はとても寒く、スキーリゾートがたくさんあります。広い大地と雄大な景観が味わえる観光スポットが多く、東側の海岸には流氷が流れ着き、見事です。

3. 양고기를 구운 징기스칸, 감자요리, 치즈나 우유 등의 유제품, 신선한 해산물을 듬뿍 사용한 해물덮밥 등이 인기입니다.

   羊肉を焼いたジンギスカン、ジャガイモ料理、チーズや牛乳などの乳製品、新鮮な魚介類をふんだんに使った海鮮丼などが人気です。

column ❸

Can not と言えない韓国人

　西欧人から見ると日本人は表現を曖昧にするため、誤解を受けやすいという話はよく知られています。ところが、韓国人も西欧人から見ると表現が曖昧な場合が多いのです。実のところ、「Noと言えない日本人」という表現を借りれば、「Can notと言えない韓国人」なのです。

　日本人が「Yes」か「No」かどうかの判断をするために詳細を問う傾向があるとすれば、韓国人は「Can」か「Can not」かハッキリしないとき、「できない」と言って可能性を否定するより、実際にやってみながら判断しようとする傾向があるのです。「やれば、できる」「やって見なければわからない」的な心理と言ったらいいでしょうか。「頑張ってもできないこともある。そのときはわかってくれるだろう」的な心理もあるかも知れません。とりあえず「Yes」になりがちです。これは「Noと言えない」とはまた違います。

　何かことを運ぶとき、すなわち、「Yes」か「No」かを決めるとき、判断する人は通常「Can」「Can not」と一緒に「Like」「Do not Like」も考えます。韓国人が「Yes」「No」を決めるときに大事なのは、その際「Can」「Can not」より、むしろ「Like」「Do not Like」の方かも知れません。なにしろ「Can not」とは言えないわけですから、「Like」か「Do not Like」かが判断の決め手になるわけです。ところが、日本人は「Yes」「No」を決める段階で「Can」「Can not」を検討します。そして「Like」か「Do not Like」かはほとんど表に出しません。そうすると「like」か「Do not like」があるはずだと思っている韓国人には、それがわからなくて、まどろっこしさを感じてしまうことになります。

　普段は、「Like」と「Can」と「Yes」が、そして「Do not Like」と「Can Not」と「No」とが一致するので、コミュニケーション上特に問題はありませんが、それが合わないときには、日本人と韓国人の間で考えが完全に行き違ったりすること

が起こりえます。そのためでしょうか、韓国人から見た日本人は、よいときには、思いやりがあって、こまかい所まで考える慎重な人に見えますが、悪いときには、自分の意見がなく、無駄なところに気を取られる、まどろっこしい人だと映るのです。反対に、日本人から見た韓国人は、よいときには、チャレンジ精神と行動力を持つ人に見えますが、悪いときには、横暴で、計画性もなく適当な、責任感のない人に映ってしまうのです。

　みなさんが韓国人と話をする時は、まずは、「저는 그 것이 좋네요. 당신은 어떤가요?（私はそれがいいと思います。あなたはどうでしょうか）」のように、したいと思ったことをハッキリと言って話し合うのがいいでしょう。そうすれば、相手も思っていることを言いやすくなるでしょう。いずれにしても大事なのは、他の国の違う文化の人だということを忘れないということです。

第6章

日本の現代文化
일본의 현대 문화

1 オタク

❓ こんな質問をされたら？

1 오타쿠란 무엇입니까?
オタクとはなんですか？

2 '오타쿠'의 원래 의미는 무엇입니까?
「オタク」の本来の意味は何ですか？

3 오타쿠 문화는 언제부터 시작됐습니까?
オタク文化はいつから始まったのですか？

4 일본인은 오타쿠에 대해 어떻게 생각합니까?
日本人はオタクのことをどう思いますか？

오타쿠

💬 **30秒で、こう答えよう！**

1 애니메이션, 만화, 아이돌, 피겨 등 일본의 서브컬처에 깊이 심취하는 젊은 층을 '오타쿠'라고 합니다. 애니메이션 오타쿠, 아이돌 오타쿠, 만화 오타쿠라는 식으로 사용합니다.

アニメ、漫画、アイドル、フィギュアなど日本のサブカルチャーに深く傾倒する若者を「オタク」といいます。アニメオタク、アイドルオタク、漫画オタクというふうに使います。

2 원래는 '당신의 집(댁)'이라는 뜻입니다. 오타쿠끼리 서로 이름으로 부르지 않고 '오타쿠 누구의 팬?', '오타쿠, 어디에서 왔어요?'라는 식의 대화를 하는 것에서 유래합니다.

もともとは「あなたの家(お宅)」という意味です。オタク同士が相手を名前で呼ばずに「おたく、誰のファン？」「おたく、どこから来たの？」という会話をしていたことに由来します。

3 여러 설이 있지만, 일반적으로 퍼진 것은 1970년대입니다.

諸説ありますが、一般に広まったのは1970年代です。

4 처음에는 내성적이고 네거티브한 사람이라는 인상이 있었습니다만, 최근에는 한 분야에 정통한 것이 평가받아 좋은 인상이 생겨나고 있습니다.

初めは内向的でネガティブな人、という印象をもたれていましたが、最近ではある分野に精通していることが評価されて良い印象をもたれるようになってきました。

ㄱ	ㄴ	ㄷ	ㄹ	ㅁ	ㅂ	ㅅ	ㅇ	ㅈ	ㅊ	ㅋ	ㅌ	ㅍ	ㅎ	ㄲ	ㄸ	ㅃ	ㅆ	ㅉ
k/g	n	t/d	r/l	m	p/b	s	-/ng	ch/j	ch	kʰ	tʰ	pʰ	h	kk	tt	pp	ss	tch

第6章 日本の現代文化

2 アイドル

❓ こんな質問をされたら？

1 일본에서는 어떤 아이돌이 인기 있나요?
日本ではどんなアイドルが受けていますか？

2 버추얼 아이돌은 무엇입니까?
バーチャルアイドルとは何ですか？

3 왜 아키하바라와 아이돌이 관계있는 것인가요?
なぜ秋葉原とアイドルが関係あるのですか？

秋葉原の街

아이돌

 30秒で、こう答えよう！

1 남성에게는 여성 아이돌 그룹이나 그라비어 아이돌, 여성에게는 비주얼 중시의 남성 아이돌 그룹이 인기입니다.

男性には女性アイドルグループやグラビアアイドル、女性にはビジュアル重視の男性アイドルグループが人気です。

2 현실에 존재하지 않는 가상의 아이돌입니다.

現実には存在しない架空のアイドルのことです。

3 오타쿠가 좋아하는 가게가 집결하는 아키하바라는 '오타쿠의 성지'라고도 불리며 여기를 활동의 거점으로 하는 아이돌을 아키바 계 아이돌이라고 합니다.

オタクが好きな店が集結する秋葉原は「オタクの聖地」とも呼ばれ、ここを活動の拠点にするアイドルをアキバ系アイドルといいます。

3 コスプレ

? こんな質問をされたら？

1 코스프레란 무엇입니까?
コスプレとは何ですか？

2 어디에 가면 코스프레한 사람을 볼 수 있나요?
どこに行けば、コスプレの人を見ることができるのですか？

3 코스프레를 체험할 수 있는 곳이 있나요?
コスプレを体験できるところはありますか？

コスプレ

💬 **30秒で、こう答えよう！**

1 애니메이션이나 만화의 캐릭터로 분장하는 것을 코스프레라고 합니다. 코스튬 플레이를 줄인 일본식 영어이지만, 지금은 세계적으로 통용되는 말이 되었습니다.

アニメやマンガのキャラクターに扮することをコスプレといいます。コスチューム・プレイを略した和製英語ですが、今や世界中で通用する言葉になっています。

2 전 세계에서 코스프레 이벤트가 정기적으로 열리고 있습니다. 최근 일본에서는 10월 핼러윈에 코스플레이어가 집결하게 되었습니다.

世界中でコスプレのイベントが定期的に開かれています。日本では最近10月のハロウィンにコスプレイヤーが集結するようになりました。

3 애니메이션의 성지라고 불리는 아키하바라와 아사가야(도쿄도 스기나미구)에서는 코스프레 체험이 가능한 곳이 많이 있습니다.

アニメの聖地といわれる秋葉原や阿佐ヶ谷（東京都杉並区）ではコスプレ体験ができる店がたくさんあります。

第6章　日本の現代文化

ㄱ	ㄴ	ㄷ	ㄹ	ㅁ	ㅂ	ㅅ	ㅇ	ㅈ	ㅊ	ㅋ	ㅌ	ㅍ	ㅎ	ㄲ	ㄸ	ㅃ	ㅆ	ㅉ
k/g	n	t/d	r/l	m	p/b	s	-/ng	ch/j	ch	k^h	t^h	p^h	h	kk	tt	pp	ss	tch

4 音楽

? こんな質問をされたら？

1 J-POP이란 무엇입니까?
Jポップとは何ですか？

2 엔카란 무엇입니까?
演歌とはなんですか？

3 노래방은 일본에서 생긴 것입니까?
カラオケは日本生まれですか？

4 왜 일본은 노래방이 많이 있나요?
なぜ日本にはカラオケがたくさんあるのですか？

음악

💬 30秒で、こう答えよう！

1 J-POP은 Japanese Pop Music의 약자로, 일본뿐 아니라 아시아 여러 나라에서도 인기 있습니다.

JポップはJapanese Pop Musicの略で、日本だけでなくアジアの多くの国でも人気があります。

2 엔카는 대중음악 장르의 하나로, 일본 전통 민요의 영향을 받았습니다. 엔카에서 노래하는 것은 사랑, 정념, 일본의 마음 등입니다.

演歌は大衆音楽のジャンルのひとつで、日本古来の民謡の影響があります。演歌で唄われるのは、愛、情念、日本の心などです。

3 노래방(가라오케)은 '비어있는(가라) 오케스트라'의 약자로 전세계의 사람들이 알고 있는 일본어 중 하나입니다.

カラオケは「空(から)のオーケストラ」の略語で世界中の人が知っている日本語の一つです。

4 노래방은 일본인에게 빼놓을 수 없는 오락의 하나입니다. 노래뿐만 아니라 음주와 식사를 즐길 수 있으며 독실이므로 마음껏 큰소리로 부를 수 있습니다.

カラオケは日本人にとって欠かせない娯楽の一つです。歌だけでなく飲酒と食事が楽しめ、個室なので思いきり大きな声で唄えます。

ㄱ	ㄴ	ㄷ	ㄹ	ㅁ	ㅂ	ㅅ	ㅇ	ㅈ	ㅊ	ㅋ	ㅌ	ㅍ	ㅎ	ㄲ	ㄸ	ㅃ	ㅆ	ㅉ
k/g	n	t/d	r/l	m	p/b	s	-/ng	ch/j	ch	k^h	t^h	p^h	h	kk	tt	pp	ss	tch

5 アニメ・マンガ・ゲーム

? こんな質問をされたら？

1. 세계적으로 유명한 일본 만화는 무엇입니까?
   世界で有名な日本のマンガは何ですか？

2. 세계적으로 유명한 일본의 애니메이션 작품은 무엇입니까?
   世界で有名な日本のアニメ作品は何ですか？

3. 세계적으로 유명한 일본의 게임은 무엇입니까?
   世界で有名な日本のゲームは何ですか？

애니메이션·만화·게임

💬 **30秒で、こう答えよう！**

1 도라에몽, 아톰, 캡틴 츠바사, 나루토 등은 전 세계에 애독자가 있습니다.

ドラえもん、鉄腕アトム、キャプテン翼、NARUTO などは世界中に愛読者がいます。

2 스튜디오 지브리의 작품, 건담, 에반게리온, 드래곤볼 등은 세계에서도 인기입니다.

スタジオジブリの作品、機動戦士ガンダム、新世紀エヴァンゲリオン、ドラゴンボールなどは世界でも人気です。

3 포켓몬스터, 슈퍼마리오, 드래곤 퀘스트 등은 세계에서도 인기입니다. 포켓몬과 마리오를 낳은 게임회사 닌텐도의 이름도 세계적으로 알려져 있습니다.

ポケットモンスター、スーパーマリオブラザーズ、ドラゴンクエストなどは世界でも人気です。ポケモンやマリオを生んだゲームメーカーの任天堂（ニンテンドー）の名も世界中で知られています。

第6章 日本の現代文化

6 メイドカフェ

❓ こんな質問をされたら？

1 메이드 카페란 무엇입니까?
　　メイドカフェとはなんですか？

2 여성도 들어갈 수 있습니까?
　　女性でも入れますか？

3 메이드 카페에서는 커피 외에 무엇을 할 수 있습니까?
　　メイドカフェでは喫茶以外に何ができますか？

メイドカフェのランチ

메이드 카페

💬 **30秒で、こう答えよう！**

1 메이드 코스튬을 입은 점원이 메이드를 연기하며 손님을 접대하는 카페입니다. 가게에 들어서면 '다녀오셨습니까. 주인님'라고 하며 맞이합니다.

メイドのコスチュームに身を包んだ店員がメイドになりきって客を接待する喫茶店のことです。入店時には「お帰りなさいませ、ご主人様」と迎えてくれます。

2 괜찮습니다. 메이드 카페가 생긴 당초에는 남성 오타쿠 손님이 많았지만, 점차 관광명소로의 색조가 강해져 최근에는 외국인 관광객도 많이 방문합니다. 그 중에는 가족 단위로 방문하는 관광객도 있습니다.

大丈夫です。メイドカフェが生まれた当初はオタクの男性客が多かったのですが、徐々に観光スポットとしての色合いが強くなり、最近では外国人観光客も多く訪れます。なかには家族連れで訪れる観光客もいます。

3 메이드가 주문한 요리에 케찹으로 장식을 해줍니다. 옵션으로 메이드와 기념촬영이나 게임도 할 수 있습니다.

メイドがオーダーした料理にケチャップで飾り付けをしてくれます。オプションでメイドとの記念撮影やゲームもできます。

第6章　日本の現代文化

ㄱ	ㄴ	ㄷ	ㄹ	ㅁ	ㅂ	ㅅ	ㅇ	ㅈ	ㅊ	ㅋ	ㅌ	ㅍ	ㅎ	ㄲ	ㄸ	ㅃ	ㅆ	ㅉ
k/g	n	t/d	r/l	m	p/b	s	-/ng	ch/j	ch	k^h	t^h	p^h	h	kk	tt	pp	ss	tch

第7章

日本の生活習慣

일본의 생활 습관

1 マナー (1)

❓ こんな質問をされたら？

1. 집에 손님이 왔을 때 어떻게 맞이합니까?
   家にお客さんが来たときに、どう接していますか？

2. 일본인은 왜 식사 전후에 합장합니까?
   日本人はなぜ食事の前後に合掌するのですか？

3. 일본인은 왜 음식점 앞에서 행렬을 만드는 것입니까?
   日本人はなぜ飲食店の前で行列をつくるのですか？

매너 (1)

30秒で、こう答えよう！

1 현관에서 인사를 나눈 후, 슬리퍼를 권합니다. 차와 과자를 내는데, 일본식 방에서 접객할 때는 방석을 권합니다. 손님이 올 때는 방을 깨끗이 청소하고 꽃을 장식하거나 해 환영하는 마음을 나타냅니다.

玄関で挨拶を交わし、スリッパをすすめます。お茶とお菓子を出し、和室で接客するときは座布団をすすめます。来客があるときは部屋をきれいに掃除し、お花を飾ったりしておもてなしの心を伝えます。

2 식전에 "잘 먹겠습니다". 식후에는 "잘 먹었습니다"라고 합장을 하는 것이 일본인의 습관입니다. 식재료를 키워 준 사람, 요리를 만들어 준 사람에 대한 감사, 건강하게 식사할 수 있는 것에 대한 감사의 뜻을 나타냅니다.

食前に「いただきます」、食後には「ごちそうさま」の合掌をするのが日本人の習慣です。食物を育ててくれた人、料理を作ってくれた人に対する感謝、元気で食事ができることへの感謝の気持ちを表します。

3 줄설 가치가 있다고 생각하면, 일본인은 끈기 있게 차례를 기다립니다. 새치기는 매너 위반입니다. 행렬은 가게의 인기와 맛의 바로미터라고 할 수 있습니다.

並ぶ価値があると思ったとき、日本人は我慢強く順番を待ちます。割込みはマナー違反と考えます。行列は店の人気とおいしさのバロメーターともいえます。

2 マナー (2)

❓ こんな質問をされたら？

1 일본의 화장실은 화장지를 변기에 버려도 괜찮습니까? 막히지 않습니까?

日本のトイレはトイレットペーパーをそのまま流して大丈夫ですか？詰まりませんか？

---

2 오토히메란 무엇입니까? 왜 일본의 화장실에는 오토히메라는 장치가 있나요?

音姫とは何ですか？　どうして日本のトイレに音姫という装置があるのですか？

---

3 일본인은 화장실에 갈 때도 줄을 섭니까?

日本人はトイレに行くときも並びますか？

매너 (2)

 30秒で、こう答えよう!

1 일본의 수세식 화장실은 막힘없이 흐르는 수압을 갖추고 있기 때문에 그대로 버려도 괜찮습니다.

日本の水洗トイレは詰まらずに流す水圧を備えているので、そのまま流しても大丈夫です。

2 물 흐르는 소리를 내 배설시의 소리를 감춰주는 장치입니다. 배설하는 소리가 다른 사람에게 들리는 것을 부끄럽게 느끼는 많은 일본인(특히 여성)이 자신의 소리를 감추기 위해 사용 전에도 물을 내립니다. 이러한 물 낭비를 줄일 목적으로 개발된 것이 오토히메입니다.

擬似的な流水音で排泄時の音を掻き消す装置です。排泄中の音を他人に聞かれるのを恥ずかしいと感じる多くの日本人(特に女性)が、自分の音を掻き消すために使用前にも水を流します。こうした水の無駄遣いを減らす目的で開発されたのが音姫です。

3 어떤 장소의 공공 화장실도, 일본인은 반드시 순서대로 줄을 섭니다.

どのような場所の公共トイレであっても、日本人は必ず順番に並びます。

3 お正月

❓ こんな質問をされたら？

1 일본의 설날은 언제입니까?
日本のお正月はいつですか？

2 설날은 어떻게 보냅니까?
お正月はどう過ごしますか？

3 설날에 어떤 음식을 먹습니까?
お正月にどういう料理を食べますか？

설날

💬 30秒で、こう答えよう！

1 양력 1월 1일~7일입니다.

新暦の1月1日～7日です。

2 신사에 참배하며 새해의 행운을 기원하는 '하쓰모우데'를 하거나 가족이나 친척이 모여 연회를 엽니다. 3일은 휴업하는 가게가 많기 때문에 집에서 보냅니다.

神社に参拝して新年の幸運を願う「初詣」をしたり、家族や親戚が集まって宴会を開きます。三が日は休業する商店が多いので家で過ごします。

3 사흘 간은 '오세치 요리'나 '오조니' 등 특별 요리를 먹습니다. 오세치 요리는 다시마와 새우 등 재수가 좋은 것으로 알려진 식재료를 사용한 다양한 요리를 2단 찬합에 아름답게 담은 것이며, 오조니는 떡이 주재료인 일본식 국입니다.

三が日は「おせち料理」や「お雑煮」などの特別な料理を食べます。おせち料理とは、昆布や海老など、縁起が良いとされる食材を使ったさまざまな料理を2段重ねの重箱にうつくしく盛りつけたもの、お雑煮は餅をメイン具材とした和風のお吸い物です。

4 お盆

? こんな質問をされたら？

1 오봉이란 무엇입니까?
お盆とは何ですか？

2 일본인은 오봉을 어떻게 보냅니까?
日本人はお盆をどう過ごしますか？

3 오봉 행사에는 어떤 것이 있습니까?
お盆の行事にはどんなものがありますか？

오봉

 30秒で、こう答えよう！

1 조상의 영을 모시는 행사를 '오봉'이라고 합니다. 일반적으로 양력 8월 15일 전후를 '오봉'이라고 하는 곳이 많습니다.

先祖の霊を祀るための行事を「お盆」といいます。一般に新暦の8月15日前後に「お盆」とするところが多いです。

2 여름 방학과 겹치는 이 시기를 '오봉야스미'라고 부르는데 가족 여행이나 귀성하는 사람이 많습니다.

夏休みと重なるこの時期を「お盆休み」と呼び、家族旅行や帰省をする人が多いです。

3 지방에 따라 풍습이 다르지만, 대부분은 성묘를 하거나, 오봉용 과자와 꽃을 불단에 올리고 스님 독경을 받거나 합니다.

地方によって風習が違いますが、多くはお墓参りをしたり、お盆用のお菓子やお花を仏壇に供えて僧侶に読経してもらったりします。

5 お中元・お歳暮

❓ こんな質問をされたら？

1 오츄겐・오세보는 무엇입니까?
お中元・お歳暮とは何ですか？

2 오츄겐이나 오세보는 누구에게 드립니까?
お中元やお歳暮は誰に送るのですか？

3 어떤 것을 보내나요?
どういうものを送るのですか？

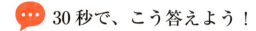

오츄겐 · 오세보

💬 **30秒で、こう答えよう！**

1 일본에는 평소 신세를 진 사람에게 감사의 마음을 담아 선물하는 습관이 있습니다. 여름에 하는 선물을 '오츄겐', 겨울에 하는 선물을 '오세보'라고 합니다.

日本には日頃からお世話になった人に感謝の気持ちを込めて贈り物をする習慣があります。夏にする贈り物を「お中元」、冬にする贈り物を「お歳暮」といいます。

2 부모와 친척, 회사 상사, 거래처, 학원 선생님 등에게 드리는 경우가 많습니다.

親や親戚、会社の上司、取引先、お稽古の先生などに贈ることが多いです。

3 오츄겐에는 맥주가 많고, 오세보에는 해산물과 일본술이 많습니다. 오츄겐이나 오세보 시즌에는 백화점이나 슈퍼에 선물 세트 상품이 줄 지어 있습니다.

お中元ではビールが多く、お歳暮では海産物や日本酒が多いです。お中元やお歳暮の季節には、デパートやスーパーに贈答用のセット商品がずらりと並びます。

6 七五三

❓ こんな質問をされたら？

1. 시치고산이란 무엇입니까?
   七五三とは何ですか？

2. 시치고산에는 무엇을 합니까?
   七五三には何をするのですか？

3. 시치고산은 언제입니까?
   七五三はいつですか？

시치고산

> **30秒で、こう答えよう！**

1 아이가 7세, 5세, 3세 때 성장을 축하하는 일본의 연중행사입니다.

子どもが7歳、5歳、3歳のときに成長を祝う日本の年中行事です。

2 여자아이는 하레기(나들이 옷)를, 남자아이는 하카마를 입고 신사를 참배합니다. 치토세아메라는 홍백의 길쭉한 사탕을 먹으며 축하합니다.

女の子は晴れ着を、男の子は袴を付けて神社に参拝します。千歳飴と呼ばれる紅白の細長い飴を食べてお祝いします。

3 원래는 11월 15일이라 하지만, 최근에는 15일에 집착하지 않고 11월 중에 하는 경우가 많아졌습니다.

本来は11月15日とされていますが、最近は15日にこだわらず11月中に行うことが多くなりました。

7 冠婚葬祭

? こんな質問をされたら？

1. 일본인은 결혼식 때 무엇을 입습니까?
   日本人は結婚式に何を着ますか？

2. 장례식에 참석 할 때 무슨 옷을 입습니까?
   葬式に参加する時はどういう服を着ますか？

3. 결혼식이나 장례식에 지참 할 것이 있나요?
   結婚式やお葬式に持参するものはありますか？

관혼상제

 30秒で、こう答えよう！

1 일본식인 경우에는 시로무쿠라는 새하얀 기모노, 서양식인 경우는 하얀 웨딩드레스를 입습니다.

和式の場合は白無垢という真っ白な和服、洋式の場合は白いウェディングドレスを着ます。

2 여성은 검은 원피스, 남성은 검은 정장에 검은 넥타이를 입습니다. 장례식에 입는 검은 양복을 상복이라고 합니다. 구도와 가방도 검은색으로 통일합니다.

女性は黒いワンピース、男性は黒いスーツに黒いネクタイを着ます。お葬式に着る黒い洋服のことを喪服といいます。靴やバッグも黒で統一します。

3 결혼식에는 축의금을, 장례식에는 부의금을 가지고 갑니다. 슈기부쿠로, 고덴부쿠로라는 전용 봉투가 있어 이 봉투에 돈을 넣어 냅니다.

結婚式にはご祝儀を、お葬式には香典を持参します。御祝儀袋、香典袋という専用の封筒があり、この袋にお金を入れて渡します。

第8章

東京の交通

도쿄의 교통

1 地下鉄（東京メトロ）
지하철 (도쿄 메트로)

Q1 긴자선은 어디를 달립니까?

銀座線はどこを走っていますか？

A 긴자선은 아사쿠사에서 긴자를 거쳐 시부야를 잇는 일본에서 가장 오래된 지하철입니다.

銀座線は浅草から銀座を経て渋谷を結ぶ、日本で最も古い地下鉄です。

Q2 후쿠토신선은 어디를 달립니까?

副都心線はどこを走っていますか？

A 지하철 후쿠토신선은 도큐토요코선으로 바로 연결되어 환승 없이 요코하마까지 갈 수 있습니다.

地下鉄副都心線は東急東横線に直通しているので乗り換え無しに横浜まで行くことができます。

Q3 도자이선은 어디를 달립니까?

東西線はどこを走っていますか？

A 도자이선은 지바 현과 도심을 이으며, 쥬오·소부 선으로 운행합니다.

東西線は、千葉県と都心を結び、さらに中央・総武線へと乗り入れています。

Q4 마루노우치선은 어디를 달립니까?

丸の内線はどこを走っていますか？

A 마루노우치선은 이케부쿠로에서 오테마치, 도쿄역, 긴자를 경유해 신주쿠까지 빙 돌아가는 편리한 지하철입니다.

丸の内線は池袋から大手町、東京駅、銀座を経由して新宿までぐるりと回っていく便利な地下鉄です。

Q5 치요다선은 어디를 달립니까?

千代田線はどこを走っていますか？

A 치요다선은 JR 죠반선에서 직통운전으로 운행되는 지하철로 고쿄(황궁) 앞을 지나, 요요기우에하라라는 역에서 오다큐선으로 운행합니다.

千代田線は JR 常磐線からの直通運転で運行されている地下鉄で、皇居の前を通り、代々木上原駅で小田急線に乗り入れています。

Q6 히비야선은 어디를 달립니까?

日比谷線はどこを走っていますか？

A 히비야선은 북쪽은 도부이세사키선, 남쪽은 도큐토요코선과 직통 운행하는 지하철입니다.

日比谷線は、北は東武伊勢崎線、南は東急東横線と直通運転している地下鉄です。

Q7 유라쿠쵸선은 어디를 달립니까?

有楽町線はどこを走っていますか？

A 유라쿠쵸선은 북쪽은 세이부이케부쿠로선 및 도부토죠선과 직통 운행하는 지하철입니다. 이케부쿠로에서 나가다쵸와 긴자를 거쳐 도쿄만에 가까운 신키바까지 운행합니다.

有楽町線は北で西武池袋線や東武東上線と直通運転する地下鉄です。池袋から永田町や銀座を経て東京湾に近い新木場まで運行しています。

Q8 한조몬선은 어디를 달립니까?

半蔵門線はどこを走っていますか？

A 한조몬선은 동쪽은 도부이세사키선으로 직통 운행하는 지하철입니다. 도심을 경유한 뒤, 서쪽은 도큐덴엔토시선에 운행합니다.

半蔵門線は東は東武伊勢崎線と直通運転している地下鉄です。都心を経由したあと、西は東急田園都市線に乗り入れています。

ㄱ	ㄴ	ㄷ	ㄹ	ㅁ	ㅂ	ㅅ	ㅇ	ㅈ	ㅊ	ㅋ	ㅌ	ㅍ	ㅎ	ㄲ	ㄸ	ㅃ	ㅆ	ㅉ
k/g	n	t/d	r/l	m	p/b	s	-/ng	ch/j	ch	k^h	t^h	p^h	h	kk	tt	pp	ss	tch

Q9 난보쿠선은 어디를 달립니까?

南北線はどこを走っていますか？

A 난보쿠선은 서쪽은 도큐메구로선을 운행하는 지하철입니다. 도심을 남북으로 횡단한 뒤, 사이타마 현으로 이어집니다.

南北線は、西は東急目黒線に乗り入れている地下鉄です。都心を南北に横断したあと、埼玉県へとのびています。

Q10 도에미타선은 어디를 달립니까?

都営三田線はどこを走っていますか？

A 도에미타선은 미타역에서 북쪽으로 유라쿠쵸와 오테마치를 거쳐 다카시마타이라라는 주택가로 이어지는 지하철입니다.

都営三田線は三田駅から北へ向かって有楽町や大手町を経て、高島平という住宅街へのびる地下鉄です。

Q 11 도에신주쿠선은 어디를 달립니까?

都営新宿線はどこを走っていますか？

A 도에신주쿠선은 동쪽은 소부선과 직통하는 지하철입니다. 지바에서 도심을 거쳐 신주쿠에서 게이오선으로 운행해 서쪽은 다마지구라는 주거 지역으로 이어집니다.

都営新宿線は東は総武線と直通する地下鉄です。千葉から都心を経て、新宿から京王線に乗り入れて、西は多摩地区という住宅街へとのびています。

Q 12 도에오에도선은 어디를 달립니까?

都営大江戸線はどこを走っていますか？

A 도에오에도선은 도심을 빙 도는 지하철 순환선으로 지선은 북서쪽으로 향해 히카리가오카라는 지역으로 연결됩니다.

都営大江戸線は、都心部を周回する地下鉄の環状線で、支線は北西に向かい、光が丘という地区につながります。

2 JR
JR

Q1 야마노테선은 어디를 달립니까?

山手線はどこを走っていますか？

A 야마노테선은 도심의 주요 역을 연결하는 순환선입니다. 야마노테선로의 주요 역은 도쿄, 우에노, 이케부쿠로, 신주쿠, 시부야, 시나가와 등이 있습니다. 도쿄, 우에노, 시나가와에는 신칸센의 역도 있습니다.

山手線は、都心部の主要駅をつなぐ環状線です。山手線の沿線の主要駅には、東京、上野、池袋、新宿、渋谷、品川などがあります。東京、上野、品川には新幹線の駅もあります。

東京駅

Q2 쥬오선은 어디를 달립니까?

中央線はどこを走っていますか？

A 쥬오선은 신주쿠에서 서쪽으로 뻗어 고후와 마츠모토를 거쳐 나고야로 연결됩니다. 색은 오렌지색입니다. 쥬오선은 도쿄역에서 신주쿠를 거쳐 하치오지와 다카오를 연결하는 쾌속편이 운행됩니다.

中央線は、新宿から西に伸び、甲府や松本を経て名古屋へとつながっています。色はオレンジ色です。中央線には東京駅から新宿を経て八王子や高尾を結ぶ快速が運行されています。

Q3 게이힌도호쿠선은 어디를 달립니까?

京浜東北線はどこを走っていますか？

A 게이힌도호쿠선은 오미야와 도쿄, 요코하마, 더해 오후나를 연결하는 노선입니다. 색은 파란색입니다.

京浜東北線は、大宮と東京、横浜、さらに大船を結ぶ路線です。色は青色です。

第8章 東京の交通

ㄱ	ㄴ	ㄷ	ㄹ	ㅁ	ㅂ	ㅅ	ㅇ	ㅈ	ㅊ	ㅋ	ㅌ	ㅍ	ㅎ	ㄲ	ㄸ	ㅃ	ㅆ	ㅉ
k/g	n	t/d	r/l	m	p/b	s	-/ng	ch/j	ch	k^h	t^h	p^h	h	kk	tt	pp	ss	tch

Q4 쥬오·소부 선은 어디를 달립니까?

中央・総武線はどこを走っていますか？

A 쥬오·소부 선은 서쪽의 미타카를 기점으로 신주쿠, 아키하바라를 거쳐 지바를 연결하는 노선입니다. 색상은 노란색입니다.

中央・総武線は、西の三鷹を起点に新宿、秋葉原を経由して千葉を結ぶ路線です。色は黄色です。

3 タクシー
택시

Q1 일본의 택시는 안전한가요?
日本のタクシーは安全ですか？

A 택시는 미터제이므로 과다 청구될 걱정이 없습니다.
タクシーはメーター制なので、過剰請求される心配はありません。

Q2 어떻게 잡습니까?
どうやって拾いますか？

A 일부 지역을 제외하고 어디서나 손을 들면 탈 수 있습니다. 역 주변에는 택시 승강장도 있습니다.
一部の地区を除いて、どこでも手をあげれば乗ることができます。
駅周辺はタクシー乗り場もあります。

第8章 東京の交通

ㄱ	ㄴ	ㄷ	ㄹ	ㅁ	ㅂ	ㅅ	ㅇ	ㅈ	ㅊ	ㅋ	ㅌ	ㅍ	ㅎ	ㄲ	ㄸ	ㅃ	ㅆ	ㅉ
k/g	n	t/d	r/l	m	p/b	s	-/ng	ch/j	ch	kʰ	tʰ	pʰ	h	kk	tt	pp	ss	tch

173

Q3 최대 몇 명이 탈 수 있나요?

最大何人乗れますか？

A 소형 택시는 5명, 중형 택시는 6명이 탈 수 있습니다(운전자 포함).

小型タクシーで5人、中型タクシーで6人乗れます（運転手含む）。

Q4 일본의 택시는 무슨 색입니까?

日本のタクシーは何色ですか？

A 해외에는 같은 색으로 통일된 택시가 많지만 일본의 택시는 회사에 따라 색이 다릅니다.

海外では同じ色に統一されたタクシーが多いですが、日本のタクシーは会社によって色が違います。

Q5 운전기사는 한국어를 할 줄 압니까?

運転手さんは韓国語が話せますか？

A 아쉽게도 한국어를 할 수 있는 운전기사는 매우 적습니다. 최근 관광 안내를 위해 다국어 서비스를 제공하는 택시회사가 생겼습니다.

残念ながら韓国語を話せる運転手は非常に少ないです。最近、観光案内のために多国語サービスを提供するタクシー運営会社が出ました。

Q6 빈차라고 어떻게 판단합니까?

空車ってどうやって判断しますか？

A 조수석 앞에 '공차(空車)'라는 빨간 램프가 들어와 있으면 탈 수 있습니다. 손님이 타고 있는 차는 '임주(賃走)'라는 녹색 램프가 켜져 있습니다.

助手席の前に「空車」という赤いランプがついていれば乗れます。客が乗っている車は「賃走」という緑色のランプがついています。

4 羽田空港と成田空港
하네다공항과 나리타공항

Q1 도쿄에는 국제공항이 몇 개 있습니까?

東京には国際空港がいくつありますか？

A 하네다공항과 나리타공항의 두 국제공항이 있습니다.

羽田空港と成田空港の２つの国際空港があります。

Q2 나리타와 하네다공항의 차이점은?

成田と羽田空港の違いは？

A 도쿄의 국제선 관문은 주로 나리타공항입니다. 하네다공항은 국내선과 일부 국제선이 운항합니다.

東京の国際線の玄関口は主に成田空港です。羽田空港では、国内便や一部の国際線が発着します。

Q3 나리타공항에는 전철로 어떻게 갑니까?

成田空港へは電車でどうやって行きますか？

나리타공항에는 두 노선으로 갈 수 있습니다. 1. 게세우에노역 및 닛포리역에서 게세스카이라이너로 나리타공항까지 약 40분 걸립니다. 2. 도쿄역에서 나리타익스프레스라는 특급 열차로 나리타공항까지 약 1시간 걸립니다.

成田空港は2路線でアクセスできます。1. 京成上野駅と日暮里駅から京成スカイライナーで成田空港まで約40分です。2. 東京駅から成田エクスプレスという特急列車で成田空港まで約1時間です。

Q4 나리타공항에는 리무진버스가 있습니까?

成田空港へはリムジンバスが走っていますか？

하코자키라는 리무진버스 전용 버스터미널이 있습니다. 다른 도내 주요 호텔에서도 운행하고 있습니다. 하코자키에서 나리타공항까지 버스로의 소요시간은 정체가 없으면 약 80분입니다.

箱崎というリムジンバス専用のバスターミナルがあります。他に都内の主要ホテルからも運行しています。箱崎から成田空港へのバスでの所要時間は渋滞がなければ約80分です。

Q5 하네다공항에 가는 법을 가르쳐주지 않겠습니까?

羽田空港への行き方を教えてくれませんか？

A 하네다공항은 하마마츠쵸역에서 모노레일이 있습니다. 하마마츠쵸에서 하네다공항까지의 소요시간은 약 30분입니다. 게큐전철로도 갈 수 있습니다. 게큐전철 급행을 타면 도심에서 약 30분에 하네다공항에 도착합니다.

羽田空港へは浜松町駅からモノレールが出ています。浜松町から羽田空港までの所要時間は約30分です。京急電鉄でも行くことができます。京急電鉄の急行に乗れば都心から約30分で羽田空港に到着します。

成田空港

羽田空港

5 電車の切符とカード
전철표와 카드

Q1 대중교통을 사용할 때 편리한 카드가 있습니까?

公共交通を使うときに便利なカードはありますか？

A 대중교통을 정기적으로 이용한다면 선불카드가 편리합니다. 도쿄에서는 스이카와 파스모, 2종류의 카드가 있습니다.

公共交通を定期的に利用するならプリペイドカードが便利です。東京ではSuicaとPASMOの2種類のカードがあります。

Q2 파스모와 스이카는 어떻게 살 수 있습니까?
PASMO と Suica はどうやって買うことができますか？

A
역의 매점이나 JR역의 '미도리 창구'에서 구입할 수 있습니다. 구입할 때 보증금 500엔을 지불하고 잔금이 없어지면 역의 발매기에서 충전할 수 있습니다.

駅のキオスクや JR の駅にある「みどりの窓口」で買うことができます。購入時に 500 円のデポジットを支払い、残金が無くなったら駅の券売機でチャージできます。

みどりの窓口

Q3 파스모와 스이카는 전국에서 사용할 수 있나요?

PASMOとSuicaは全国で使えますか？

A 전국에서 사용할 수 있습니다.

全国で利用可能です。

Q4 저렴한 표가 있습니까?

お得な切符はありますか？

A 도쿄메트로와 JR은 24시간 노선 전선에서 승하차 자유로운 '1일승차권'을 발매하고 있습니다.

東京メトロやJRは24時間路線全線で乗り降り自由な「1日乗車券」を発売しています。

第9章

日本人への
よくある質問

일본인이 자주 듣는 질문

Q1 일본인이 결혼상대에 요구하는 조건은 무엇이 첫 번째입니까?

日本人が結婚相手に求める条件は何が一番ですか？

A 어떤 결혼상담소의 조사에 따르면 남녀 모두 결혼 상대에 요구하는 조건 1위로 든 것은 '성격·가치관'이었습니다. '수입이 안정되어 있는지'에는 크게 신경 쓰지 않는다는 결과가 나왔습니다.

ある結婚相談所の調査によると、男女ともに結婚相手に求める条件として1位にあげたのは「性格・価値観」でした。「収入が安定していること」にそれほどこだわらないという結果が出ています。

Q2 일본의 소비세는 어떻게 되어 있습니까?

日本の消費税はどうなっていますか？

A 현재 8%의 소비세가 상품이나 서비스에 부과되고 있습니다. 소비세의 절반 이상은 국민연금과 의료비로 사용되고 있습니다.

現在、8%の消費税が商品やサービスに課されています。消費税の半分以上は、国民年金や医療費に使われています。

Q3 일본의 보험제도는 어떻게 되어 있습니까?

日本の保険制度はどうなっていますか？

A 모든 국민이 뭔가의 의료보험에 가입하는 '국민 모두 보험'을 제도화하고 있습니다.

すべての国民がなんらかの医療保険に加入する「国民皆保険」を制度化しています。

Q4 일본의 최저임금은 얼마 정도입니까?

日本の労働最低賃金はいくらくらいですか？

A 도도부 현에 따라 다르지만, 대체로 시급 700~900엔 정도로 추이하고 있습니다. 도쿄도의 최저 임금은 932엔으로 전국에서 가장 높습니다.

都道府県によって違いますが、だいたい時間給700円～900円くらいで推移しています。東京都の最低賃金は932円で全国で一番高くなっています。

Q5 일본의 비즈니스맨의 평균 연봉은 얼마입니까?

日本のビジネスマンの平均年収はいくらくらいですか？

A 2014년 국세청의 통계에 따르면, 415만 엔이라고 합니다.

2014年の国税庁の統計によると、415万円となっています。

Q6 일본의 선거권은 몇 살부터 주어집니까?

日本の選挙権は何歳から与えられますか？

A 지금까지 20세였지만, 2016년부터 18세로 낮아졌습니다.

これまで20歳でしたが、2016年から18歳に引き下げられました。

国会議事堂

Q7 일본의 쓰레기 사정은 어떻습니까?

日本のゴミ事情はどうなっていますか？

A 지역마다 쓰레기 분리규칙을 갖추고 있습니다. '타는 쓰레기', '캔·병', '플라스틱류', '금속류' 등으로 구분하여 종류별로 다른 봉투에 넣어서 지정된 날 내놓습니다.

地区ごとにゴミの分別ルールを設けています。「燃えるゴミ」「缶・瓶」「プラスチック類」「金属類」などに分けて、種類ごとに違う袋に入れて指定された日に出します。

Q8 일본의 애완동물 사정은 어떻습니까?

日本のペット事情はどうなっていますか？

A 현재 일본에서 키우고 있는 개나 고양이는 약 2000만 마리 이상으로, 전체의 40% 이상의 가정에 애완동물이 있다는 계산이 됩니다.

現在日本で飼われている犬や猫はおよそ2000万頭以上で、全体の4割以上の家庭にペットがいるという計算になります。

ㄱ	ㄴ	ㄷ	ㄹ	ㅁ	ㅂ	ㅅ	ㅇ	ㅈ	ㅊ	ㅋ	ㅌ	ㅍ	ㅎ	ㄲ	ㄸ	ㅃ	ㅆ	ㅉ
k/g	n	t/d	r/l	m	p/b	s	-/ng	ch/j	ch	k^h	t^h	p^h	h	kk	tt	pp	ss	tch

Q9 일본에서 인기 있는 스포츠는 무엇입니까?

日本で人気のあるスポーツは何ですか？

A 야구, 축구, 테니스가 인기 있습니다. 일본의 어린이가 되고 싶은 스포츠선수 1위는 '축구선수'입니다.

野球、サッカー、テニスに人気があります。日本の子どもがなりたいスポーツ選手で一位は「サッカー選手」です。

Q10 일본의 세계유산은 몇 개나 있습니까?

日本の世界遺産はいくつありますか？

A 2016년 현재 20개입니다. 올해(2016년), 도쿄·우에노의 국립서양미술관이 새롭게 세계유산에 등록되었습니다.

2016年現在20個です。今年（2016年）、東京・上野の国立西洋美術館が新しく世界遺産に登録されました。

国立西洋美術館

Q 11 일본에는 도쿄디즈니랜드 외에 어떤 테마파크가 있나요?

日本には東京ディズニーランド以外にどんなテーマパークがありますか？

A 유니버설스튜디오 재팬, 닛코에도 마을, 산리오퓨로랜드, 지브리 미술관, 도라에몽 박물관, 오에도 온천, 후지 사파리파크 등이 있습니다.

ユニバーサルスタジオジャパン、日光江戸村、サンリオピューロランド、ジブリ美術館、ドラえもんミュージアム、大江戸温泉、富士サファリパークなどがあります。

Q 12 일본에 장기 체류할 경우 방을 빌리고 싶을 때 어떻게 해야 합니까?

日本に長期滞在の場合は、部屋を借りたい時にどうすればいいですか？

A 일본인은 방을 찾을 때, 대개 중개업자를 통해 찾습니다.

日本人は部屋を探すときに、大体仲介を通して探してもらいます。

Q13 도쿄의 중심을 이동하는 데 무엇이 제일 좋습니까?

東京の中心部を移動するには何がベストですか？

A 도심을 낮 시간에 이동할 때는 대중교통을 이용하는 것이 좋습니다. 대중교통은 싸고, 빠르고 매우 안전한 수단입니다.

都心の昼間の移動は公共交通を利用することを強くおすすめします。公共交通は安く、迅速で極めて安全な乗り物です。

Q14 일본에서 팁이 필요합니까?

日本ではチップが必要ですか？

A 일본은 팁 문화가 없습니다. 팁을 주려고하면 받은 상대는 그것을 돌려주려고 할 것입니다.

日本ではチップの習慣がありません。チップを渡そうとすれば、渡された相手はそれを返そうとするでしょう。

Q15 일본의 호텔이나 공공시설에서 한국어가 통합니까?

日本のホテルや公共施設では韓国語が通じますか？

A 한국인 이용객이 많은 호텔과 게스트 하우스, 또한 대형 가전 양판점에는 한국어를 하는 직원이 상주하고 있습니다.

韓国人の利用客が多いホテルやゲストハウス、また、大手の家電量販店では韓国語を話せるスタッフが常駐しています。

Q16 일본은 세일을 언제하나요?

日本のバーゲンセールはいつやりますか？

A 많은 백화점이나 브랜드에서 여름과 겨울 2회, 12월~1월과 7월~8월에 세일을 실시합니다.

多くのデパートやブランドでは夏と冬の2回、12月~1月と7月~8月にバーゲンセールを行います。

30秒でできる！
ニッポン紹介
おもてなしの韓国語会話

2017年 4月5日 第1刷発行

編 者　IBCパブリッシング

訳 者　リムワン

発行者　浦　晋亮

発行所　IBCパブリッシング株式会社
　　　　〒162-0804 東京都新宿区中里町29番3号 菱秀神楽坂ビル9F
　　　　Tel. 03-3513-4511　Fax. 03-3513-4512
　　　　www.ibcpub.co.jp

印刷所　株式会社シナノパブリッシングプレス

© 2017 IBC Publishing
Printed in Japan

落丁本・乱丁本は、小社宛にお送りください。送料小社負担にてお取り替えいたします。
本書の無断複写(コピー)は著作権法上での例外を除き禁じられています。

ISBN978-4-7946-0469-9